시 보다 2024

시 보다 2024

펴낸날	2024년 9월 27일
지은이	박지일 송희지 신이인 양안다 여세실 임유영 조시현 차현준
펴낸이	이광호
주간	이근혜
편집	윤소진 유하은 김필균 이주이 허단
마케팅	이가은 최지애 허황 남미리 맹정현
제작	강병석
펴낸곳	㈜문학과지성사
등록번호	제1993-000098호
주소	04034 서울 마포구 잔다리로7길 18(서교동 377-20)
전화	02) 338-7224
팩스	02) 323-4180(편집) / 02) 338-7221(영업)
대표메일	moonji@moonji.com
저작권 문의	copyright@moonji.com
홈페이지	www.moonji.com

ⓒ 박지일 송희지 신이인 양안다
여세실 임유영 조시현 차현준, 2024. Printed in Seoul, Korea

ISBN 978-89-320-4322-7 03810

이 책의 판권은 지은이와 ㈜문학과지성사에 있습니다.
양측의 서면 동의 없는 무단 전재 및 복제를 금합니다.

시 보다 2024

박지일 송희지
신이인 얀안다
여세실 임유영
조시현 차현준

문학과지성사

차례

박지일   물보라　11
　　　　물보라　13
　　　　물보라　15
　　　　물보라　17
　　　　물보라　19

　　　　시작 노트 | 물보라에 부쳐　20
　　　　추천의 말　23

송희지   루주rouge　29
　　　　금정포　34
　　　　금정포　37
　　　　플라시보이펙트—해병 캠프　41
　　　　억만 노크　43

　　　　시작 노트 | 나, 시작　51
　　　　추천의 말　55

신이인　실낙원　61

　　　　　값　66

　　　　　꿈의 기계　70

　　　　　외계인의 시　73

　　　　　꿈의 경계　76

　　　　　시작 노트 | 시작 노트를 폐기하는 상상　81
　　　　　추천의 말　85

양안다　다음 미래　91

　　　　　델피니움 꽃말　95

　　　　　네가 너에게 너의 얼굴을 마음을　99

　　　　　Queen of cups　101

　　　　　서정　105

　　　　　시작 노트 | 더 많은 나　110
　　　　　추천의 말　113

여세실 방학 숙제 119

나 원래 바이킹 잘 타 122

회전무대 126

이웃집에 토끼가 산다 129

솔의 눈 131

시작 노트 | 두루미의 식탁 여우의 물잔 135

추천의 말 138

임유영 연해주 145

담자균문 148

예언 151

묘향산 154

그 빛 156

시작 노트 | 시는 내가 홀로 있는 방식 158

추천의 말 163

조시현	캠프파이어 169

　　　　듀플리케이티드   175

　　　　뮤리엘의 일기 I―토폴로지   181

　　　　RGB   187

　　　　이 집의 가풍을 커스텀 하십시오   198

　　　　시작 노트 | 접시 쌓기   210
　　　　추천의 말   213

차현준	붙여놓기 219

　　　　얼마간 흘려보내보기   221

　　　　DDP   223

　　　　1인실 건식 사우나   229

　　　　왕가위   232

　　　　시작 노트 | 가른 밑줄 너머로   236
　　　　추천의 말   240

　　　　기획의 말   244

박지일

2020년 『경향신문』 신춘문예를 통해 작품 활동을 시작했다.
시집 『립싱크 하이웨이』가 있다.

물보라

너는 수전증水顫症을 앓는다. 나는 환자인 환자이자, 환자가 될 수 없는 환자요.

(쓰는 너와 씌어진 네가 거리감을 호소한다.)

물은 너를 휘두르며 자기를 위로한다. 너는 물로부터 멀어지고, 멀어진 만큼 가까워진다.

너는 너를 잃어버리고, 너를 되찾기도 하지만, 그래야 할 목적을 이내 잊어버린다.

물은 떨림이고, 떨림은 물을 한다. 발작하고, 웃고, 달뜬 채로 너를 떠들면서 물은 쓴다. 나는 네게서 동시에 본다고; 두 개 이상의 죽음과 한 개의 삶을.

물보라.

너는 늘 네게서 멀리 있다.

(물은 종일 누구를 지껄이고 있는 거야?)

어느 날 너는 네게 너를 묻는다.

언제까지 너는 발버둥질을 계속할 수 있을까?

질문은 물음하는 너를 곧바로 교정한다.

발버둥질은 언제까지 나를 계속할 수 있을까?
물보라는 혼자 태어나서 함께 죽는다.
물보라.

물보라

 벽은 벽지 속에서 운다. 울지도 못하는 벽은(너의 눈물은 떨어질 곳도 없어!—하고, 말해주는 이도 없이) 벽 속을 파고들며 중얼거리고, 물보라는 바로 그 중얼거림이다.

 물보라는 늘 자기 함락(된/한)다.

 구천을 떠도는 물보라. 구천도 못 떠도는 물보라. 너는 네게 주도권이 없구나. 물보라; 너는 그 속에 드러눕는다.

 너를 배회하는 물보라. 네 눈앞에서 8자를 그리는 물보라. 너는 너를 구멍에 집어넣는다. 아 글쎄, 동생 녀석은 양치할 때마다 티셔츠에 치약 거품을 줄줄 흘렸다니까요.

 구멍은 늘 너의 일부분만 허락한다. 물거품; 에쎄를 꼬나물고, 연기를 일으키면서, *너는 춤출 때 춤을 추고, 잠 잘 때 잠을 자고,** 죽을 때 죽는다. 너의 마지막은 네게 주도권이 없다. 그리고⋯⋯

 너는 너의 끝이 언제 끝날지가 궁금하다.

 물보라.

(죽으면 다 끝나는 것이 아니었단 말이야?)

* 몽테뉴의 『에세』에서.

물보라

> 거울은 너를 상대하지 않는다
> 까닭에 계속하여 너는 산다
> ―모리니기 유우코

 네가 쓴 글 또한 너를 유지하는 까닭으로 남을 수 있을까? 주위로 옹벽이 세워지고 사면에 문이 들어선다. 옹벽과 문이 너를 위해 들어선 것인지, 문과 옹벽을 위해 네가 세워진 것인지는 확실치 않다만, 왠지 너는 문을 열게 되지 않을까? 그러니까, 문은 열리게 되지 않을까? 사실 옹벽이나 문은 일종의 장치 같은데, 글쎄…… 유효한 것인지는 잘 모르겠어. 들이나 대로 복판이어도 상관없지 않았을까? 너는 어디서도 보이지 않으니까. 아무에게도 상대 당하지 못하니까. 문이 등장한 까닭은 대개 가리고 선 그 너머를 네게 보여주기 위함이고(아무것도 없음까지 포함하여) 열기 위해 씨름하는 과정에서 네가 느낀 탈력과 굴복의 강도에 비례하여 문은 희열을 얻는다고 하던데. 근데, 네가 너를 작동할 수 있던가? 열거나, 열지 않거나,

선택을 어찌하긴 해야 하는데…… 너는 선택하지 못할 것 같고(선택하지 않는 선택까지 포함하여) 네게는 주도권이 없는 것 같아. 까닭에 바닥을 헤적이던 뱀들이 네게 모여들고, 뭐든 해. 뭐든 해보라고! 가청 영역의 목소리들이 너울하며 너를 푹푹 찔러도 너는 가만있는다. 서퍼구나, 너는 서퍼다……(방 안에서 몇 년째 뻗어 있는 서퍼까지 포함하여) 가만, 뭔가 자꾸 빠져나가는 손을 쓸쓸해하는 너를 보니, 또 가만있던 것만은 아닌 것 같은데…… 그렇다면, 옹벽이 너를 세워놓았다 치고, 어떡해야 하는 걸까? 문이 세워둔 너를 어떻게 써먹어야 하는 걸까? 대책 없어 뒤만 돌아보니 너만을 위해 네가 만든 세 번의 까닭이 눈에 띈다. 다시 뒤돌아 앞을 들여다봐도 마찬가지. 옹벽과 문과 너를 하나도 해결하지 못하고 그 까닭의 쓸모만 질문하는 너. 짙어진다.

물보라

> 계속하여 너는 산다
> 까닭에 거울은 너를 상대하지 않는다
> ─모리나가 유우고

 아침에 일어나니 날은 저물었고, 개골창에서 너는 너를 가르친다. 너는 언젠가 썼을 것이라고; 모든 것이 내장을 굴러다니는 자갈 탓이야. 누워도 누운 것 같지 않고, 걸어도 걷는 것 같지 않으며, 살지도 않는데 꼭 사는 것만 같다고. 이것은 네가 쓴 것이고, 이것도 네가 쓴 것이고, 이것이 네가 쓴 것이라고 너를 하는 너.

 네 엄마의 실명은 춘숙이고, 이렇게도 너는 썼을 것이라고; 나는 흔한 돌을 갖고 싶다고. 특수한 돌은 정숙의(춘숙?) 내장을 굴러다니고, 엄마의 이름은 해숙이고, 물보라는 셀 수 없다고. 물보라. 엄마는 물보라였을까?

 아침에 일어나니 날은 저물었고, 차조기 잎만을 여전히 찧는 엄마, 못 떠다니는 금붕어만 여전히 구경하는 엄마, 여전히 뒷짐만으로 중얼거리는 엄마. 셀 수 없는 엄마. 너는 자갈을 굴리며 네 내장을 돌아다니고, 너는 너를 쓰면서, 너를 쓸 수 있는 것은 너밖에 없다고 착각하면서, 물보라.

물보라. 나는 흔할 수 없는 돌이고, 특수한 돌과는 다르다고. 쓰게 요시하루는 『무능한 사람無能の人』을 그렸고, 무능한 사람은 흔한 돌을 주워다 파는 사람. 이것은 족보를 파는 자와 사는 자는(양반, 중인, 양인, 천인) 내내 알 수 없는/을 시장이고, 너는 너와 상관없이 살아질 거야. 물보라. 다 물보라였다고.

아침에 일어나니 날은 저물었고, 물보라. 여전히 마리냐, 여전히 마리모, 여전히 마리아, 자갈은 엄마를 굴리고, 사다코 이모, 피라냐, 난민, 물보라, 소쩍새, 도락산, 앵두나무, 예수는 진리요, 우렁쉥이, 아무리 지껄여도 우담화, 물보라. 몽돌. 엄마는 혼자서 사타구니를 씻을 수 없도다.

물보라

 허수아비는 발버둥질한다, 오렌지 속에서; 난간이 발아래로 들어선다. 난간은 허수아비가 필요하다. 닿을 듯 발이 닿지 않는 허수아비가. 허수아비는 허수아비가 필요한 난간을 몸으로 기록한다. 지빠귀가 난간 모서리에 내려앉는다.
 정지. 허수아비는 고민한다.
 난간은 묻는다: 어떤 걸 쓸지 고민하오? 허수아비는 답하지 않는다: 그런 걸 고민하지는 않아요. 난간은 묻는다: 어떻게 써야 할지를 고민하는 것이오? 허수아비는 답하지 않는다: 아니요, 그건 부수적인 것이죠. 난간은 묻는다: 그렇다면 무엇을 고민한단 말이오? 허수아비는 답하지 않는다: 나를 살아온 나를 묻고 있어요.
 지빠귀는 난간 모서리를 날아오른다. 종일 묻다를 묻던 난간도 떠나다. 허수아비를 끄적이는 노을; 날아오른 지빠귀와 내려앉은 지빠귀는 같은 종이기에 다른 종일 가능성이 매우 높음.

시작 노트

물보라에 부쳐

    1월이다. 꿈인지 꿈이 아닌지 알 수 없다. 지금은 7시 27분. 지금은 7시 31분. 빗소리. 시계는 7시 29분으로 바뀐다. 밖에서는 비가 내린다. 1월이다. 밖의 비는 나와 상관하지 않는다. 내 몸속에서 비가 흐를 때만 시계와 눈이 맞는다. 7월이다. 오늘의 비는 소박하다. 창자가 축축하다. 나는 내가 있다는 것을 믿는다. 빗소리. 냉장고 모터 소리. 산새 짖는 소리. 빗소리. 여닫는 현관문 소리. 빗소리. 윗집 변기 물 내리는 소리. 내가 어디에서 살아졌지? 빗소리. 내가 어떻게 살아졌지? 지금 내가 덮고 있는 차렵이불. 나는 나를 살고 싶다. 지금 내가 중얼거리는 엄마의 휴대폰 번호. 지금 내가 살고 있는 서울특별시 서대문구 연희로. 토요일. 빗소리. 지금 7월의 빗소리. 시계는 8시 46분에서 7시 48분으로 바뀐다. 휴대폰 메모장을 열고 쓴다. 써야만 쓸 수 있다. 쓰지 않으면 쓸 수 없다. 당연한 것을 당연하지 않은 것처럼 중얼대는 까닭은 나만이 안다(하지만 나는 도무지 모르겠다고 한다). 나를 증거하기 위해서? 나는 여기 있다. 나는 저기도 있다. 그리고 나는 없다. 있던 나를 있던 나로 만들기 위해서는 있던 나를 써야 한다. 내가 썼다 하는 것을 읽고 그것을 받아들여야 한다. 그것 말고는 내가 나를 증명할 도리가 없다. 나를 완전히 잊어버리는 것도 방법이다. 7월. 동생은 물구나무로 나의 주위를 맴돈다. 엄마는 절뚝이면서 나와 동생을 걷는다. 나는 병자와 병자가 아닌 자를 구분 못 한다. 엄마는 병자도 병자가 아닌 자도 아니다. 엄마는 이웃과 함께 천변을 산책한다. 나에게는 엄마만 보인다. 엄마와 이웃은 매일 초면이다. 나에게는 임마만 보이지 않는다. 이웃은 엄미를 매일 모른다. 엄마가 내딛는 발에는 동생과 내가 뒤섞여 있다. 엄마는 바깥에서 엄마를 살지 못한다. 내게서 나만 발견하지 않고 동생에게서 동생만을 발견하지 못하는 까닭은 엄마만이 안다. 엄마를 증거하기 위해서? 엄마는 늘 웃는 사람인데 집에서는 운다. 엄마의 집은 나와 동생을 핑계로 매일 축축하다. 창자. 창원. 창원. 7월. 달마다 차에 엄마는 실려 간다. 거기 엄마는 없다. 엄마는 엄마 안에서만 움직인다. 엄마는 엄마 안에서만 엄마를 산다. 동생은 동생을 살지 못한다. 나는 나를 살지 못한다. 엄마는 눈물이 맺히니까 흐느끼고 흐느꼈으니까 주저앉아보고 주저앉은 김에 거기 무언가를 떠올리는 사람이다. 엄마는 엄마에게 한 발짝 늦게 도착한다. 엄마가 아닌 엄마가 내 곁에서 잠을 잔다. 엄마가 아닌 엄마가 아침이면 차조기 잎을 찧는다. 엄마가 아닌 엄마가 나를 사랑한다고 말한다. 나는 내게 주도권이 없다. 나도 사랑한다고 나는 대답한다. 물보라를 쓰는 동안 엄마가 간다. 나는 계속 1월을 산다. 나는 살아 있는 것 같다 계속. 내게 동생은 없는 것이다. 나는 주위를 갖지 못한다. 나는 주위를 갖지 못한 나조차 가질 수 없다(그만 징징대고 싶다 제발). 나는 내게 주도권이 없다. 엄마와 나는 횟집 문을 나란히 나선다. 떠난 엄마와 동생처럼, 씌어진 나는 순서를 갖지 못한다―먼저 간 건 동생이니까(내 기억이 옳다면). 엄마가 가고 동생이 간다. 7월. 엄마를 쓴다. 나는 7월. 할머니가 간다.

추천의 말

강동호

박지일의 시는 언어의 내적 파동을 통해 존재의 떨림이라고 부를 수 있는 사건을 형상화한다. 시에서 일관되게 제시되는 물보라라는 이미지는 세계의 본질적 불안에 의해 일으켜지는 작은 실존적 파고를 감각하게 한다. 물보라가 만들어내는 이 내밀한 철학적 리듬 속에서 우리는 우리 모두의 삶에 관여하고 있지만, 정체를 알 수 없는 근원적 고독에 동참할 수 있을 것이다.

오은

박지일의 시를 읽으며 '움직이는 진술'을 떠올렸다. 말하자면 말해지면서 증식하는 이야기가, 거듭 부정되면서 비로소 인정을 얻는 가설이. 그의 시는 악력을 발휘해 빨래를 짜는 두 손처럼 거침없다. 동시에 비틀리면서 더 빳빳해지는 빨래처럼 빤빤하기도 하다. 그의 시를 읽고 나면 아무것도 없는 것을 확인하기 위해 기어코 담을 넘는 사람이나 비극이 펼쳐질 것을 빤히 알면서도 위험천만한 곳에 발을 들이는 사람이 된 기분이 든다. 진술이 반복되며 의미는 중첩되지만, 켜켜이 들어선 물음들은 마지막 문장과 함께 산산이 흩어진다. 물보라처럼. 누구도 물보라를 다 가질 수는 없는 것처럼.

이수명

박지일의 시에서는 끈질기게 삶과 죽음, 질문과 대답, 앞과 뒤, 시작과 끝, 문과 벽, 허수아비와 지빠귀가 충돌하면서 얽혀 든다. 이 얽힘은 어찌할 도리가 없도록 비약이 없고 입구와 출구도 없다. 나와 너도 마찬가지이다. 내가 나뿐만 아니라 너를, 네가 너뿐만 아니라 나를 저지르고 '발버둥질' 친다. 물보라는 이렇게 모든 것이 혼효된, 눈먼 세계의 시그널이다. 시인은 물보라를 통해 자아와 타자가 함께 부서져 사방으로 흩어져버리는, 깊이와 넓이가 무효화된 세계를 천착한다.

조연정

물보라 치는 물은 보는 사람의 얼굴을 되비추지 못한다. 박지일은 지금 '너를 상대하지 않는 거울' 앞에서 불가능한 자화상을 그리고 있다. 「물보라」라는 동일한 제목이 붙은 시들에서 그는 "네게는 주도권이 없는 것 같"고 "나는 내게 주도권이 없다"는 말을 반복한다. 시인을 둘러싼 모든 것이 멈추지 않는 물보라 같은 착란이며, 옹벽과 문 앞에 세워진 '나' 혹은 '너'는 문을 열지 말지 선택하지도 못한다. 시인의 최소한의 존재 증명이 쓰는 행위를 통해 가능해진다면 부서지는 물보라 앞에서 "살지도 않는데 꼭 사는 것만 같"은 상태를 말해보는 시인의 쓰기는 하염없기도, 절실하기도 하다.

하재연

박지일의 「물보라」 연작은 에크리튀르의 시적 실천으로 보인다. 씀, 쓰임, 씌어지는 것들의 흔적과 지우기를 통해 발생하는 수행성은 박지일 시의 중요한 모티프이다. 한 존재의 고유성과 그것을 다시 지우고 무수하게 새로 쓰는 '물보라'적 언어의 전복. 이것이 박지일 시에 스며 있는 근원적 비애와 에너지를 동시적으로 형성한다. 비애를 딛고 끊임없이 질문을 추구함으로써 존재하는 그의 사물들은 죽으면서 살아지는 시의 모순율을 적확하게 겨냥한다.

홍성희

박지일의 시에는 명사가 많다. 동사의 의미를 글자로 담아 결합한 한자어나 동사를 명사형 어미로 닫은 한글 조어는, 활용의 여지 없이 단단히 굳고 메말라버린 세계를 표시하는 것 같다. 하지만 박지일의 시는 그런 명사의 수를 늘리며 외려 움직임을 상상하게 한다. 한순간도 같지 않은 출렁임이 두꺼운 벽의 폐쇄 속에 있는 장면과, 세 글자 진단명으로 소명되지 않는 시간의 멀미를 가까스로 기록하듯이. 그때 명사는 긴 복통 같이 소란하게, 다만 한 몸이 살아 있는 이곳의 떨림을 알아차리게 한다. 시간이란 도처에서 발생하는 진동을 견디는 방식으로 이어지고, 글자는 네모지게, 진동을 감추기도 한다. 그런 글자들의 세계에서 이름을 범람하는 물결들을 자꾸 돌아보는 일. 박지일의 시에는 그런 방식으로 사람이 있고, 깊은 마음이 있다.

송희지

2019년 『시인동네』를 통해 작품 활동을 시작했다.
시집 『싱크로나이즈드 스위밍』이 있다.

루주rouge

형이 딸기를 깨물고 있다.
유리로 된 것이다.

아그작아그작.

그것이 형에게
어떤 의미냐고

따져 물을 수도 있었으나 나는
겨우

"달아?"
물었고

"붉어"
형이 답했다.

*

붉어.

붉어.

붉었다.

거리가 온통 붉었다. 시장 골목이었고 정육점이 줄줄이 위치해 있었다. 수십 명이 뜯어 먹어도 남을 만한 몸뚱이가 도마 위에 올려져 있었다. 내부가 환하게 펼쳐져 있었다.

나는 거기서 서성이고 있는 형을 보았다. 나는 병원에 갔다가 돌아오는 길이었고 형은 그런 나를 마중 나온 것이다. 나는 먼저 형을 발견했음에도 곧바로 다가가지 않았는데 나를 기다리는 형의 모습이 볼만했기 때문이다. 형은 초조해 보였다. 외투를 바짝 동여맨 채 떨고 있었다. 거리의 붉은빛이 그의 낯으로 옮겨 가고 있었다.

형은 왜 정육점의 고기가 아닌가.[*]

그런 생각이 들 만큼. 형은 풍경 속의 정물 혹은 동물 어느 것도 아니었고 말하자면 풍경의 배설물 같았다.

붉어.

붉어.

조금만.

나는 조금만 멀리서 주시하다가 이내 형에게로 달려갈 생각이었다. 반갑게 알은체할 생각이었다. 그러나 형은 계속해서 초조해 보였다. 형은 초조함에 열중해 있는 것처럼 보였다. 형은 초조한 상태가 아니면 견딜 수 없는 것처럼 보였다. 내게 그의 초조함을 무너뜨릴 권리가 있을까? 그런 생각이 들자 나는 초조해졌다. 나는 견딜 수 없이 초조해졌다.

나는 형을 향해 손 흔들었는데

형은 보지 못했다. 형은 영영 초조해 보였다.

나는 겁에 질렸다. 나는 나를 허공으로 높이 던져 보였는데 형은 보지 못했다. 형은 영영 초조해 보였다.

나는 어쩌면 이 순간이 나와 형의 정의일 수도 있겠다고 생각했다.

정의는 발 없는 말뚝.

정의는 말 없는 닻.

나는 어쩌면 이 순간을 나와 형이 평생 동안 끌고 가야 할지 모른다고 생각했다.
    우리가 동물이라면.
    우리가 결국 동물이라면.

    나는 엉엉 울었는데 나를 지나치는 행인과 상인과 노상 매대 위의 상품 들에 의하여 정갈한 현상으로 취급되었다.

*

    형이 딸기를 깨물고 있다.
    유리로 된 것이다.

아그작아그작.

    그렇지 우리.
    우리라는 건.

    겨우
    그리 말할 수도 있었으나 나는

혀를 내밀고 있었다.

접촉할 때까지.
기관에서 기관으로
형이 내게 다 건네줄 때까지.

우리가 동시에
"붉어"라고
말할 때까지.

* 프랜시스 베이컨과 데이비드 실베스터의 인터뷰집 『나는 왜 정육점의 고기가 아닌가?』 제목 인용.

금정포

 그때 나와 형은 차도를 걷고 있었다. 우리는 금정포에서 외식을 하기로 했다. 실로 오랜만의 일이다. 금정포에서 밥을 먹은 게 얼마나 오래전의 일인지 모른다.

 먼저 발견한 것은 형이었다.
 그는 길을 가다 말고 멈추어 서서, 뚫어져라 발밑을 내려다보았다. 나도 그를 따라 보았는데 차도의 새카만 바닥에 어떤 것이 눌어붙어 있었다. 자세히 보니
 그것은 새였다.
 새의 몸이었다.
 새의 죽음이었다.
 몇 대의 차가 그 위 지나다녔을지 알 수 없으나 그것의 얇기는 종이보다도 더한 듯했다. 그것의 표면이 미약하게나마 희지 않았더라면 나는 영락없이 그것을 길의 한 부분으로 보았을 것이다.

형: 새구나.

나: 아주 얇은 새야.

형: 하얗구나.

나: 생전에는 눈부실 만큼 희었을 거야.

형: 이것이 날개고 이것이 다리구나.

나: 날개였고 다리였을 테지. 차가 오고 있어. 우리는 갓길로 비켜서야 해.

형: 기억나?

나: 차가 오고 있어.

형: 우리가 예전에 새를 길렀지. 그 새의 이름 기억나?

나: 차가 오고 있어.

형: 차가 오고 있어.

나: 초롱이였나? 촐랑이였나?

형: 초록은 아니었던 것으로 기억해.

나: 차가 오고 있어.

형: 우리는 그 새를 잃어버렸어. 새장을 살 돈이 없었기 때문에 수조 속에 넣어 길렀지. 바보 같은 발상이었어.

나: 돌아올 줄 알았어. 한번 수조 속에서 산 새는 영영 수조 속에서만 살 거라고 믿었어.

형: 차가 오고 있어.

나: 우리는 갓길로 비켜서야 해.

형: 그 새의 이름 기억나?

나: 그 새는 어떤 종이었지? 그 새에게 다리가 있었나? 그 새는 무엇을 먹었지? 그 새에게 날개가 있었나?

형: 체리는 아니었던 것으로 기억해.

나: 그 새는 희었나?

형: 날개였고 다리였을 테지. 차가 오고 있어. 우리는 갓길로 비켜서야 해.

나: 그 새는 희었어.

나와 형은 내려다보고 있었다. 그것이 우리의 발밑에 있었다. 우리의 정수리 위 천장이 거듭 변검하고 있었다. 경적 소리가 가까워지고 있었는데 우리 중 누구도 그것으로부터 멀어질 방법을 제시하지 못했다.

금정포

그때 나와 형은 금정포에 있었다.

그 사실은 우리를 더없이 기쁘게 했다. 정말로 오래전부터 우리는 금정포에 가기를 꿈꾸었던 것이다.

금정포는 동해 끝자락에 위치한 포구다.

금정포는 활발하고 건강하다——힘 좋은 어부들 곳곳에서 소금 포대 쇳그물 생선 담긴 대야 어깨에 이고 다니고 그들의 구릿빛 피부 다랑어처럼 빛난다.

금정포에서 파는 모든 것은 탄력 넘친다.

우리는 회 한 접시와 이국의 패턴 새겨진 사기 종지와 종이컵과 타올 몇 장 사서 우리의 숙소로 온다. 그것 모두 저마다의 탄력을 갖고 있다.

"탐난다." 형이 말한다. 금정포의 탄력을 갖고 싶다고. 빼앗고 싶다고. 어린애냐고, 나는 웃는다. 가짜로 웃는다. 형의 눈빛 정말로 저지를 것처럼 흔들리고 있는 까닭이다.

"내가 이곳의 주민이라면 얼마나 좋을까?" 형이 말하고 "그건 우리가 외지인이기에 가능한 허영이야" 내가 말한다.

그렇다.

우리는 금정포의 외지인이고 금정포도 그 사실을 부정하지 않는다. 우리의 냄새는 금정포의 것과 다르다. 우리는 금정포의 이물에 지나지 않는다.

형은 딱딱 소리 나도록 회 씹어 삼키는데 나는 어쩐지 그것이 필사적으로 보인다. 생존 수영의 한 동작처럼 보인다.

우리는 몇 차례 성교를 시도하고 실패한다. 이내 아무것도 하지 않고 잠들기로 합의한다.

어둠 속에 휘감기면 비로소 몸이라는 것이 실감 난다. 독자라는 것이 실감 난다.

완전히 잠에 빠져들기 직전, 형이 나를 뒤에서 껴안고 어떤 말을 건네는 것 같았는데 그것이 실제였는지 꿈속의 목소리였는지는 알 수 없다.

"있잖아. 나는 보았어. 나와 너는 금정포에 있었고 대구찜과 막걸리 먹었고 금정포의 해변을 나란히 걷고 있었어. 나는 보았어. 햇볕이 네 가마 위로 쏟아지고 있었고 너는 찬란해 보였어. 너는 더없이 찬란해 보였어. 네 발끝 닿을 때마다 대답하듯 백사장이 반짝거렸어. 나는 보았어. 너는 사진을 한 장 남겨두자고 했지. 그 한 장으로 길이길이 이날을 추억하자고 했지. 하지만 나는 너 몰래 셔터를 누르지 않았어. 그 순간 너는 그곳의 사람 같았어. 아니 너는 금정포 같았어. 금정포의 내장 같았어. 네가 금정포를 떠나면 금정포는 혀 없는 하나의 빈 굴로 남을 것 같았어. 나는 보았어. 나는 바싹 질렸어. 나는 되풀이했어. 너에게 필요한 것은 나일까 금정포일까? 너를 필요로 하는 것은 나일까 금정포일까? 이 순간을 한 장으로 남긴다면, 그것 보며 두고두고 나는 묻게 되지 않을까? 너를 금정포에 놓아주지 않은 순간을 끊임없이 후회하게 되지 않을까?"

  아침에 우리는 부스스한 차림으로 이부자리 정리했고 라면을 끓여 먹었다. 분리배출하고 숙소 나오자 한순간에 그곳은 다른 사람의 집 되어 있었다.
  "길다." 나는 말한다. 우리는 차 안에 있었고 터널을 가로지르는 중이었다. 꽤 많이 지나온 것 같았는데 우리는 아직 금정포였다.
  "즐거웠지?" 형이 물었다. 나는 고개를 끄덕였고 "언젠가 다시 왔으면 좋겠다" 중얼거렸다. 형은 대꾸 않고 묵묵히 차를 몰았다.

꽤 많이 지나온 것 같았는데 우리는 아직 금정포였다.

기쁜 일이다.

금정포에서의 체험은 추억이 될 것이다.

금정포에서의 체험을 추억으로 표백하기 위하여 우리는 또다시 많은 생을 함께 소모해나가야 할 것이다.

플라시보이펙트
―해병 캠프

　그해 8월에는 용납되는 것이 많았다 소년들은 잠자리 잡아다 날개를 뜯고 머리를 떼며 먼 후일의 밤을 예습했다 :

　　　　　　　　　이렇게 하면 좋아할 것이다

　우리가 모는 보트가 암초를 향해 나아가고 있었다 눈 감지 말라고 교관이 소리쳤다 똑똑히 보라고 너희들이 저질러놓은 결과를

　모든 것이 끝나자 그는 고개 숙였다 이렇게까지 될 줄은 몰랐습니다

　　　　　　별 아래 나
　　　　　나 아래 그림자
　　　　　　놓여 있다

세워지는 입체

사람이 되고 있었다
되어가고 있었다

억만 노크

—— I'm putting my queer shoulder to the wheel.[*]

Open Sesame!¡|

당신이 비로소 귀를 기울일 때, 나는 이야기를 멈추고 기꺼이 입술을 강어귀에 던져놓겠습니다.

그것이 올곧은 전기수의 의무이기 때문입니다.

Open Sesame!¡|

참조한 목록—목탄, 브라운그레이 컬러 일기장, 와해된 형태의 유리잔, 뭉친 휴지, 한 선 그리기 기법으로 창작된 얼굴 그림 프린팅된 무제 노트 세 권, 대야동의 빛나는 외국어 간판들, 디지털 사진과 영상들, 무덤들, 검암동의 정갈한 묘목墓木들.

Open Sesame!¡|

미술 입시 학원이 딸린 상가 건물 화장실에서 처음 남

자와 입 맞췄을 때, 나는 그 맛이 파라핀과 가장 비슷하다고 여겼다.

개천절이었고, 그때 나는 열여섯이었다.

Open Sesame!¡|

어려서부터 내가 일기를 썼던 이유 : 나는 글을 길고, 빽빽하고, 깊숙하게 쓰는 데에 일찍이 재주 있었으므로.

무엇보다 일기 숙제 검토하던 나의 선생이 유선 공책 귀퉁이에 적어주는 칭찬이 좋았으므로.

털이 굵어지기 시작하면서부터, 일기는 나의 비밀스러운 창구였다. 일기 속에서 나는 더없이 얄따랬다. 좋아하는 남자아이가 있었다. 그 애 이야기를 쓸 때 나는 꾸밈없었다.

Open Sesame!¡|

기억에 남는 이미지 : 급식을 먹고 돌아온 교실. 나는 나와 가까웠던 아이들이 한데 모여 있는 것 본다. 그들 손에는 내 일기장이 들려 있고. 너 진짜야? 너 진짜 그거야? 키득거리며.

애들아, 내가 엄청난 걸 알았어. 옆 반으로 뛰어가는 녀

석들.

Open Sesame!i|

어렸을 때 뱃길을 자주 걷곤 했는데 홀로 사색에 잠기기 위함이었다. 가끔씩은 그곳을 걷기 위해 학교도 빼먹었다.

그곳에서 좋아했던 아이에 관한 일기도 썼던 것이다. "방파제는 없는데, 보인다. □를 닮은, 내 시야에 한 번도 모습을 비추지 않는 방파제."***

몇 년 뒤 나는 그곳을 어떤 남자와 함께 걷게 된다. 그는 내게 사랑한다고 말한다. 사람이 없는 공터에 이르면 내 바지춤에 손을 넣는다.

나는 물이 타들어가는 것을 본다.

그것이 마냥 좋았다.

Open Sesame!i|

언제지? 그는 나의 두 손 부서뜨릴 것처럼 부여잡은 채로, 내가 버둥거리고 일그러지는 것을 느긋하게 지켜보다가, 쌕쌕 숨 몰아쉬다가, 이내 천진난만한 목소리로 넣고 싶다고 했다. 나는 울었다. **언제지?** 그러자 그는 진심이 아니었다고, 네가 강제로 하는 걸 좋아하는 줄 알았다고 말했다. 쉼 없이 말했다.

  머지않아 나는 그를 용서했다. **언제지?**

Open Sesame!¡|

나는 그와 결혼하고 싶었다.

  식을 올린 뒤, 빅아일랜드의 활화산 중턱에 마주 서서 영원토록 서로에게서 도망할 수 없다는 사실을 실감하고 싶었다.

Open Sesame!¡|

망둑어가 내 몸 위를 긴다. 입안 가득 알을 깐다. 새끼들이 관을 타고 멀리멀리 퍼져 나간다. 나는 오직 "넓다"라고만 느낀다.

  넓다……

  나는 그 의미에 능숙하다. 나는 그 꿈에 능숙하다. 그 꿈은 나의 오랜 습관이었으며 어쩌면 태어나기 전부터 그 꿈을 꾸었으리라고 짐작했던 적도 있다.

Open Sesame!¡|

상담의는 내게 다음과 같이 말해주었다.

  "뜨겁습니까? 괜찮습니다. 그것은 단지 뜨거운 것을 만지고 난 뒤의 상태에 지나지 않습니다."

상담의는 내가 나의 병증을 구체적으로 모르고 있다고, 또한 모르기를 바라고 있다고 했다. 나는 그의 쌍꺼풀 없는 눈매와 인중의 푸른 수염 자국이 매력적이라고 생각했다.

Open Sesame!

닫힌 문을 발견한 건 아주 어릴 때였다.

나는 거울 앞에 서서, 팬티를 발목까지 내리고, 나의 장골 부근에 생겨난 넓고 푸른 반점을 응시했다.

"안쪽에는 무엇이 있어?" 묻자 문은 "법정이 있어" 대답해주었다.

도시가 있고 천체도 있다고 했다. 나는 낮고 희붐한 문의 목소리가 듣기 좋다고 생각했다.

Open Sesame!

이제 나는 어렵지 않게 나의 몸 안팎에서 닫힌 문을 발견할 수 있다 : 다려놓은 셔츠에서, 어금니 금박에서, 마시려 집어 든 물컵에서, 초리소chorizo에서, 배꼽에서, 공원의 시궁쥐 사체에서, 손톱 밑에서, 귓바퀴 뒤에서, 귀두 둘레에서, 산길에 남은 발자국 틈에서, 물결무늬 식탁과

의자와 식기에서.

최근에 병원에서 내부를 촬영한 적 있었다. 상담의는 내게 내장에 흰 무언가가 가득 차 있는 사진을 보여주었다. 닫힌 문이었다. 그들 알상자처럼 우글우글 모여 있던 것이다.

Open Sesame!¡|
언제지? 그는 내가 생각이 지나치게 많아 보인다고 말하며, 무언가를 속에 담아둘수록 병이 날 뿐이라고 말해주었다.

"담고 있다기보다는, 품고 있는 거야."

내가 말하자 그는 실없는 소리 말라는 듯 웃으며 고개를 돌렸다. **언제지?** 나는 종종 "사랑해"하고 말하는 동시에 그를 살해하는 상상을 하곤 했다.

Open Sesame!¡|
그러니까, 정말로, **언제지?**

이제는 그 모든 일들이 너무 먼 과거인 것만 같다.

언젠가 보았던 가죽 책 속의 삽화나 로맨스, 독립 영화 속 한 신에 지나지 않는 것만 같다.

Open Sesame!ⅰ|

나는 가끔 내 몸의 안팎에 있는 모든 닫힌 문이, 일제히 열리는 상상을 한다. 번쩍. 쾅. 킬라우에아Kilauea처럼.

폭발하는 치어들.

모든 것이 검은 물에 잠긴다. 잠겨서 타들어간다.

있음과 없음 가릴 것 없이. 공평하게.

Open Sesame!ⅰ|

그러면서도 동시에 나를 포함한 무엇도 다치지 않았으면—곯고 굶지 않았으면 하고 바란다.

Open Sesame!ⅰ|

내가 기억복원재생장치를 부술 수 없는 이유 : 내가 그의 불결한 하인이어서, 그의 부름 있기까지 나는 단지 하나의 화농성 돌기에 불과하므로.

그것은 기억복원재생장치가 나를 부술 수 없는 이유와 완전히 같다.

부서뜨릴 수 없어서 악수는 무한해지는 것이다.

Open Sesame!ⅰ|

"말을 하세요. 거듭하세요. 그것이 전부입니다."

국경일에 역사 앞에서 만난 포교인은 내게 다음과 같이 말해주었다.

---

* Allen Ginsberg, 「America」.
** 「브라운그레이 컬러 일기장」에서 발췌한 문장으로, 빈칸에는 당시 짝사랑하던 남자아이의 이름이 적혀 있다.

시작 노트

나, 시작

1

나의 시작에 관해서라면 떠오르는 몇 가지 순간이 있다.

시 쓰는 법을 알게 되고, 시 쓰는 맛을 갓 익혔을 때, 내 꿈은 우리나라 최초의 퀴어 시집을 내는 것이었다. (그때 난 열다섯이었고, 교과서에 실린 몇몇 이름만이 한국 현대시를 대표한다고 믿었다.) 노트에다 직접 시집 표지를 그려 넣기도 했다. 그러나 막상 표지 뒤에는 단 한 자도 적지 않았는데 퀴어시란 무엇이며 어떻게 써야 하는가, 어떻게 '많이' 쓸 수 있는가, 어떻게 묶을 수 있는가에 대한 아이디어가 하나도 떠오르지 않았기 때문이다.

그때를 생각하다 보면, 절로 김현 시인의 『글로리홀』(문학과지성사, 2014)을 처음 읽었던 때로 회상의 시점이 옮겨 간다. 열일곱 살의 내가 지하철에서 꼿꼿이 선 채로, 방금 막 구매한 시집을 읽고 있다. 차체가 덜컹거리고, 커다란 창이 도시의 전경을 비추는데. 사람들이 쉴 새 없이 앉고 일어나고 나가고 들어오는 것이 꼭 물살이 급한 강과 다름없는데. 나는 「퀴어; 늘 하는 이야기」 아니면 「죽음을」을 읽고 있고, 온 세상에 나와 책만 있는 것처럼 집중한 채여서 주변을 하나도 신경 쓰지 못하고 있다. 다른 장면도 있다. 나는 점심시간이 되어 한산해진 교실에 앉아서, 「늙은 베이비 호모」의 마지막 구절을 곱씹고 있다. 잠잠한 교실엔 눈에 띄는 움직임이 없다. 쏟아지는 것도 흘러내리는 것도 없고 모든 것이 잘 포장된 소포처럼 안정적인 상태를 유지한다. 그런데도 그때 나는 끊임없이 충돌하고 있었다. 그때 나는 내 안에 내재한 것들의 운동성을, 가능성을 확인했다. 분명히 나의 한 시작이었다.

이것은 조금 다른 기억. 내가 열세 살일 때 즐겁게 보았던 웹툰이 하나 있다. 성소수자들의 삶을 다룬 작품으로 아마추어 작가들이 자유롭게 만화를 기고하는 플랫폼에 올라온 것이다. 한창 서사가 고조되는 와중에 웹툰은 모종의 이유로 연재를 중단했고, 나는 몇 년에 걸쳐 그 작품을 잊었다. 그런데 내가 고등학교에 갓 입학했을 즈음, 작품이 다시 연재를 시작했다. 웹툰은 완전히 리뉴얼되어 첫 화부터 연재되었고, 나는 그 작품을 즐겨 읽었던 기억을 떠올리며 기쁘게 다음 화를 기다렸다. 그러나 그 작품은 완결은커녕 몇 년 전에 연재되었던 분량에 마저도 도달하지 못했다. 몇몇 커뮤니티에서 온 포비아들의 조롱과 비난 담긴 댓글을 매회 수백수천 개씩 받아야 했기 때문이다.

나는 지금도 가끔 그때의 기억을 되새긴다. 댓글 창을 빼곡히 채운 혐오를 지켜보는 나, 내 안에 끓어오르고 있던 것, 얼어붙고 있던 것, 엉겨 붙고 건축되고 있던 것, 그 이미지들. 그때 내가 느꼈던 것은 요약되지 않는, 이를테면 분노나 울화라는 단어만으로 개념화되지 않는 감정이었고, 그리하여 그 순간은 내게 유의미했다. 그 작품은 끝내 사라졌지만 나는 종종 검색을 통해 그때의 흔적을 찾아보곤 한다. 그것이 내게 과연 어떤 영향을 미쳤는지 되새겨보곤 한다. 나의 말하기, 나의 만듦을 비롯한 전반에.

2

끝으로 쓰는 일에 관해 몇 마디를 덧붙인다.

나는 나의 작업, 만드는 일을 다음과 같이 설명한다. 그것은 나와 나의 공작소—쓰는 나와 있는 나, 출구인 나와 몸이자 장(場)인 나의 적절한 협업, 관계-하기라고.

강조하고 싶은 것은, 나와 나의 공작소는 계속된다는 사실이다.

그건 나의 의사와 무관한 일이다. 자연한 일이다. 그건 특정한 목적만을 위해 날아가는 화살이 아니며 유행에 의한 순간의 발화는 더더욱 아니다. 나와 나의 공작소, 어느 하나가 전소하지 않는 이상 우리의 만드는 일은 거듭될 것이다. 그것은 시도라기보다 체험에, 삶이라고 총칭되는 어떤 불가피한 체험에 가깝기 때문이다.

추천의 말

강동호

송희지의 시는 깔끔하지만 한편으로는 무언가 어긋나 있고, 담백하지만 어딘가 파토스로 가득한 시적 발화의 무대를 선보인다. 마치 세상에 존재하지 않는 장소로 독자를 이끌어 가듯, 그의 시를 읽고 있으면 한 번도 경험하지 못한 과거를 향한 이상한 노스탤지어에 젖어드는 것이다. 서정싱을 큐이링한다고 할 수 있을까. 이 독특한 송희지 시의 새로움과 더불어 우리는, 우리에게 알려지지 않은 미지의 새로운 서정의 출현을 예감할 수 있을 것이다.

오은

송희지의 시는 변검變臉에 능하다. 문장구조를 뒤섞고 스스럼없이 배경을 전환하며 순식간에 리듬을 뒤흔든다. 말 한마디에서 촉발된 상념이 기억을 소환하고 '그때'라고 말하는 순간 상상이 점화되는 식이다. 낱알 한 톨이 한 가마의 곡식이 되는 것처럼 기이하고, 빵 반죽이 숙성되면서 부풀어 오르는 것처럼 자연스럽다. 기이함과 자연스러움 사이를 오가는 일은 '발견'의 현장에 순순히 가담하는 것이기도 하다. "체험"이 "추억"으로 "표백"(「금정포」)될 때 평면은 입체로, 인상사相은 각인刻印으로, 기이함은 자연스러움으로 자리 잡는다. 우리가 시에서 기대하는 바도 크게 다르지 않을 것이다.

이수명

얼음같이 차갑고 명료한 문장들이 우선 눈에 띈다. 날카롭지만 단단하다. 이러한 모순적 매력은 문장에만 국한되지 않는다. 짧고 가시적인 리드미컬한 행들은 이와 상이한 산문체의 토로와 열정으로 확장되면서 스타일의 기동성을 선보인다. 내용 면에서도 주로 '나'와 '형'이 출현하면서 일정한 서사를 이루지만 이는 곧 디테일한 장면이나 묘사로 뒤바뀐다. 감각적이지만 전복적이고, 어떠한 방향도 없이 자유로운 활주를 하지만 기민한 구성을 이룬다. 시가 얼마나 가벼울 수 있는지를, 동시에 어디까지 흘러갈 수 있는지를, 그 가능성을 송희지의 시는 타진한다.

조연정

오랜만에 제목과 도입이 강렬한 시를 읽었는데 그것은 바로 송희지의 「루주rouge」이다. 어떤 시가 새롭게 읽힌다면 그것은 막연한 느낌에 불과한 것일 수 있지만 송희지의 시는 확실히 인상적이다. '나와 형'을 "풍경의 배설물"(「루주rouge」) 혹은 "금정포의 이물"(「금정포」) 정도로 묘사해보는 이른바 '외지인의 감각' 때문만은 아니다. 송희지는 결정적인 순간에 다소 부자연스럽게 느껴지는 건조한 관념어들을 활용해 문장을 만들어본다. 이를테면 "엉엉 울"고 있는 '나'와 "영영 초조해 보"이는 '형'이 누군가에게는 "정

갇힌 현상으로 취급"(「루주rouge」)될 수 있다는 그 묘한 간극을 송희지의 문장은 색다른 느낌으로 그려낸다.

하재연
송희지 시의 퀴어적 주체들은 타인(또는 타자)라는 육체의 생생함과 소멸성 그 모호한 양가성을 감각함으로써 실존을 성립해나간다. 그들은 삶과 죽음에의 무한히 진동하는 욕망 사이에서 계속해서 흔들리는데, 불안하여 날카로운 이 진동을 드라마틱하게 재현함으로써 송희지는 그만의 개성적인 화법을 획득한다. 송희지의 시에서 재현되는 목소리들이 구체적인 실감으로 육박해 오는 이유는 이와 같은 그의 화법에 기인한다. 끊일 수 없이 계속되는 목소리들을 통해 그는 부서뜨림에 저항하는 기억의 입면도立面圖를 제작하고자 한다.

홍성희
사랑의 이유를 묻게 될 때가 있다. 네가 나를 사랑하는 이유가 그저 나라는 걸 말로 듣고 싶어서. 말로 듣지 않으면 그게 사실이 아닌 것처럼 보여서. 송희지의 시는 그런 '따져 묻'고 싶은 마음과 그만 '따져 묻'지 않아도 되기를 바라는 마음이 겹쳐진 자리에 있다. 그곳에서 그의 시는 '이유'와 '의미' 찾기에 꽁꽁 묶인 몸들의 배경을 그린다. 옳은 답과 그른 답, 사랑의 내부와 외부가 있다고 가정된 곳. 거기에서 그는 다른 물음을 던지며 모든 이유보다 먼저 내가 너를 네가 나를 그저 바라보게 한다. 그것으로 충분할 때까지. 충분하다는 말은 어떤 배경 속에서만 가능한가를 재차 물으면서, 이유의 세계에 그저 나인 나의 시선을 돌려주면서. 그 눈길이 투명한 길을 만든다. 충분할 때까지, 끝내 그럴 때까지.

신이인

2021년 『한국일보』 신춘문예를 통해 작품 활동을 시작했다.
시집 『검은 머리 짐승 사전』이 있다.

실 낙 원

1.
직사각형 숲 안에 글자가 모여 있었다
이리 와 어서 와
나의 친구 나의 엄마
나의 창조주

글자들끼리는 사이가 좋았다
손을 잡고 몸을 맞추며 말했다
이곳은 무해합니다
테러와 전쟁과 천재지변이 없습니다
나의 말이 아니라
글자가 자기들 멋대로 사랑해서 만든 말이었다

무
해

그들이 엮는 말들은 내 피부로는 도무지
느껴지지 않았다 내 피부에 어딘가 큰 문제가 있는 것이 분명했으며

이것이 알려진다면 경우에 따라
피부를 벗겨내는 치료도 각오해야 할 듯했다

2.
신들끼리 모이면 나는 주로 못돼 처먹은 편이었는데
그건 아무래도
글자들을 쓰다듬어
희망하는 건강한 아름다운──과 짝을 만들어주어도 모자랄 판에
못돼 처먹은
이라는 말을 남겨두고 숲 바깥으로 달아나버렸기 때문이었다

얘들아, 못돼 처먹은을 사랑해줘
못돼 처먹은은 변하지 않을 거다
나는 이 아이를 너희와 함께 둘 거야

무해함을 위하여
글자들이 손잡는다

이곳에는 테러와 전쟁과 천재지변이 없습니다
그리고 못돼 처먹은
그 어떤 것도

나는 무능한 신으로서 위스키를 조금씩 마시며
숲속 어딘가에서 연기가 치솟는 정경을 바라보았다

3.
긴 세월 동안 여러 번 하늘 색이 바뀌었을 테고
때때로의 검은 구름만큼은 여전한

저 숲에 이제는 가지 않는다

그렇지만
소싯적 믿었던 희망과 건강과 아름다움은 여전히
저 안에서 살고 있다

나

많은 나뭇가지를 안아봤고
그러다가 꺾기도 했을 것이고

나는 나무에 있는 가시들이 살 속으로 파고 들어가
몸 곳곳에서 만나 번식을 하고 세상을 꾸리고
나를 친구, 엄마, 창조주라 부르고 있는 일을
내 피부 안쪽을 여태껏
곱고 고요하게
전쟁터로 일구는 사실을
말하지 않는다

숲을 위해서다

4.
이따금 글자들의 마음을 헤아리고 싶다
그들이 말하려던 것이 무엇이었는지를
알고 싶어서
종이에 나열하고 고민한다

못돼 처먹은 친구
못돼 처먹은 선생

못돼 처먹은 감수성

못돼 처먹은 과거의 사랑

못돼 처먹은 무

못돼 처먹은 해

못돼 처먹은 기생충

죽지 말고 살았으면

너희들의 왕국에서 영원히

못돼 처먹은 시인들

못돼 처먹은 시인

못돼 처먹은 시

못돼 처먹은 신

나를 위해서다

값

왜
저런 걸 끌고 여기까지 온 거지……

지금 신고 있는 빈티지 부츠에 대해 당신이 질문한다면
집요하게 눈길을 보낸다면
나는 말할 수밖에 없을 것이다

옛날에
누가 신발을 버리면서 돈까지 받았다고
버려진 신이 덜 부끄럽도록
배려하는 척하면서
돈을 받았다고

나는 부츠 밑창이 썩은 것을 알지 못하고
그것을 샀다

내 발을 길들이려는
과거에는 살아서 스스로 움직였던 가죽의
방어 자세나
본능을 이해하려 들면서
절뚝이면서 학교에
꽃집에 갔다

신발을 어르고 달래는 법을 배웠다
애야
나는 버리는 사람이 아니란다
아니어야 해 그러니까
내가 더 배울게

꽃집에서 사귄 시클라멘 화분은
처음 만났을 때 내 멋진 신발을 칭찬했고
두번째엔 못 본 척했고
세번째엔 문득 울었다

넌 걸을 수 있지
너 같은 인간들은 걸을 수 있어
그래서 멀리 떠났지

내게 오지 않았고
넌 오지 않았어
넌 오지 않을 거야……

시클라멘은 아주 사랑스럽고
뿌리와 잎, 줄기 전체에 독을 가졌다

나는 버리는 사람이 아니었기에
화분을 샀다
모든 것을 알고도
벌레 많은 화분에 뺨을 비볐다
이렇게 사랑스러운데
누가 널 이렇게 만들었니

왜 이렇게 사랑스럽게 만들었니

사기당한 것처럼 보이지 않도록
춤을 추었다
기쁘게 기쁘게
나는 기쁘다 나는 행복하다
그러면 언제부터인가 정말로 발이 아프지 않았다

그 화분은 우리 집에서 죽었고
난 이 이야기를 돈 받고 판다
살면서 내가 배워먹은 것이 이뿐이니까
돈을 받을 때

너 사랑을 했네
그렇게 말하는 사람의 얼굴이 피폐해서 나는 신발을 벗다 말고 주저앉아 신나게 울었다

그래 맞아
내 발이 이렇게 생겼었지 확인할 수 있었던
어떤 하나뿐인 꽃의 장례식장에서였다

꿈의 기계

　잘못은 본래 나로부터 시작되었다

　그날 나는 오래전부터 시험해보고 싶었던 큰 비밀 모양 망치를 꺼내 기계를 쾅, 내리쳤다 오랫동안이나 튼튼하게 잘 돌아가고 있던 기계였다

　함께 기계를 돌리던 사람이 깜짝 놀라 도망쳤다 그는 나의 친구들에게 찾아가 내가 큰 망치를 숨기고 있으며 정신이 온전치 않을 수 있다는 사실을 주지시켰다

　그 소식을 들은 기계는 슬퍼했다 애들아 난 괜찮아 사이좋게 지내라 너희 사이가 나빠져서 함께 나를 만지지 않게 된다면 난 무엇도 만들어내지 못하는 쓸데없는 고철 덩어리가 될 거야 안 좋은 상상을 계속하며 속에서부터 서서히 녹슬어갔다

기계가 더 나빠지기 전에 파는 것이 좋을지 수리하는 것이 좋을지 알 수 없었다 누가 값을 치러야 하는지 누가 책임을 져야 하는지 누가 보상을 받아야 하는지 그러고 나면 우리의 사이가 좋아지는지

 우리는 염치 있는 사람들이어서 기계를 망가뜨린 죄를 느껴서 그러나 자신의 마음이 자신 때문이라고는 믿고 싶지 않아서 입을 다물고 다시 말하지 않았다
 후에 나는 염치 없는 사람들을 몇 번 만났고, 그럴 때에는, 너 때문이야, 네 잘못이야, 바득바득 우기며 상대에게 값을 치르게 해야 하는구나, 그러면 그것으로 아무 일 없다는 듯, 너만 웃으면 모든 것이 원래대로 돌아올 수 있다는 듯, 다시 기계를 굴려볼 수도 있는 거였을까…… 후회했지만
 우리는 너무 염치가 있었다 미안함과 부끄러움을 놓지 못해서 서로에게 얹어주지도 못해서 누구 하나 손이 자유롭지 못해서
 똑같이 양손을 염치에게 저당 잡혀서 끝내 한 사람이 한 사람을 안아주지도 못하고 괜찮다고 토닥거리거나 장난을 치지도 따귀를 때리지도 못하고 눈치를 보며 말 붙이지도 못하고 그대로 기계는 어느 날부터인가 손이 닿

지 않게 된 채로 남겨졌고

    다시 어느 날 자유로워진 내가 그때를 기억하고 홀로 머뭇거리다 기계의 뚜껑을 열고 바라보고 있는 오늘날

    나는 이곳에 쓴다

    나 때문이야

    내 잘못이야

    낡고 고장난 기계는 그대로 있고

    나는 조용히 두 손을 얹고

    생각한다

    이 손에 오랫동안 들려 있었던 것의 정체와 무게를

외계인의 시

이상한 말을 많이 했는데 왜 함께 있어주었나

혼자 남게 되자 난 무릎을 안고
소리 내어 물어보았다
누구라도 있을 때는 부끄러워서 묻지 못했다

이 질문이 헛되지 않으려면 나라도 대답해야 하나

여기 혼잣말을 잘하는 사람이 있습니다
아무것도 모르는 얼간이입니다
그렇기에 아무것에나 아무 말을 막 갖다 붙인다 합니다
친구나
애인이라고 불리지 않게 조심하십시오

파프리카는 어색한 여름의 이름
커튼 주름은

매력 없고 친숙한 연상의 여인

너는

자신의 비밀번호가 지구에서 잊히길 바라는

책 모형의 금고

옛날에

가짜 책을 사서 책장에 꽂아두었어요

글이라고는 한 줄도 적히지 않은 얄팍한 속임수였는데

시간이 지날수록 나는 읽을 수 있었습니다 한 장 두 장…… 글자가 나타나는 그것은 평생 사용하고도 남을 만큼의 넉넉한 침구였지요

거기에 싸여 잠들고 울고 해저로 가라앉던 날들이 두터워질수록 얼마나 안락했는지 모릅니다

바다거북, 영원하고 튼튼한 이해

빤히 들여다보이는 말미잘, 잘 보이고 싶은 마음……

나 많은 것을 보았습니다 이제 모든 것이 봉쇄된 채 남았습니다만

기억하고

기억을 기억하고

기억을 기억한 기억을 기억하고

기억이 견고해져서 책 없이도 책을 읽고 사람 없이도 대답을 듣는 날

수천 개의 이름으로도 난 기억을 부릅니다
혼자만 아는 의미를 모아 벽을 만들고 방을 짓고
날 넣고 문을 닫아놓았으니
거긴 알맞은 1인실이었으나
나는 매년 기다렸다고 중얼거렸어요
스르륵 뭉뚱그려지는 마음에 압정처럼 초를 꽂아 버티면서
하나 둘 셋 넷……

나는 매년
환해가는 케이크
많고 긴 초가 비추는 것은 이렇게까지나 내 것들뿐

나 문드러졌어
보여주고 싶다……

꿈의 경계

커튼을 좋아한다

자기가 벽인 줄 아는 이 커튼은 내가 골랐다
옆의 벽들과 손을 잡고 서서 벽을 바라보며 자기가
우아하고 부드러운
세련된 벽이라고 믿고 있는 커튼을

나는 좋아하니까 그렇게 둔다
그렇게 살아
그러고 있어

마주한 벽면에 흐르는 영화들이
참 많았더랬다 빛나고 숱하고 지겨웠고
벽을 스크린으로 사용할 수 있다는 사실이 좋았던
나의 어깨너머로, 커튼은
서사 장르와 인물의 감정을 학습하였다

그다지 벽다운 일은 아니었다 그렇다고 커튼다운 일도 못 됐다, 커튼은
자신의 것과 남의 것 중 무엇도 표현하기 어려워했으나
있어주었다 무기력하게
주인의 취향을 따라

그린 커튼이 좋아서 창을 열지 않았다

만일 스스로 펄럭임을 눈치챈다면
자신이 움직일 수 있으며 그 방향조차 정할 수 없음을 알게 된다면
괴로워할 것이 뻔했으니까

    내 방은 네 개의 벽으로 잘 짜여 있고 네 개의 벽은
                나를 안고 있고 그 가운데
        좋아하는 청회색의 커튼이 있다
                    함께 있다

        문제적이다

문제가 있다

해가 뜨기 전에 아름다운 세상을 보고
석양이 지기 전에 울며 넘어지다가
자정이 되기 전에 격분하고 저주하는 것은,

사람들?
간절한 사람들?

                사람이 아닌 것은 시간을 모르지
        시간을 읽는 것은 자기 자신을 아는 것
     세계가 밝아지고 어두워지는 것은 선택
        세계를 읽는 이가 고를 수 있는 것

창을 열어젖히는 상상 속에서
커튼은 언제고 난폭해져 있다
벽이라고 불러주지 않으면 다 끝내버리겠다고
간절히 구겨지고 흔들리며 피어오른다

내게 그렇게까지 간절할 리 없는 무엇을 위하여
나는 그래그래
너의 말이 맞아 엎드리고 선의가 수모로 바뀔수록
선의를 다그친다 선의야! 정신 차려! 너는 선의다 그리

고 저건 벽이다
　그렇다고 인정하자 우리 인정해보자
　선의의 뺨을

　깊어가는 암실에서,

　영사기는 가짜 태양으로 오래오래 우리 벽을 명중했다
　선의는 늘 웃었고
　나도 웃고 싶었다

　가끔 나는 커튼을 비웃고 싶었다 초라하고 멍청하고 번지르르한 이 커튼을
　내가 골랐다는 것이 수치스러웠다 그러나
　나는 커튼을 좋아한다 커튼만이 이 작고 좁고 냄새나는 방에서 내가 선택한
　하나의 물건이었다 눈을 뜨면, 바깥의 사실 대신에
　고유하고 위태로운 천의 광택을 본다
　푸른색도 회색도 아닌
　이것은 진실일 터이니 나
　거짓말처럼 이곳을 사랑해야만 하고
　사랑하고 있다

어렵기만 한 일은 아니었다고
닫힌 사람 낙오된 사람
더는 나오지 않는 사람이 되어
웃을 수 있었다
미련하게
각이 서고 납작한 이
프레임 속에서
흘러간다
범람한다
창밖으로도
언젠가 당신이 보기에
비로소 사람스럽다

시작 노트

시작 노트를 폐기하는 상상

나는 다음과 같은 몇 가지 버전의 시작 노트 레시피를 갖고 있다.

1. 블로그에 써둔 비공개 일기를 빌췌한다.
2. 날것의 감정을 서술한다. ← 무조건 후회함.
3. 뜬구름 잡는 소리를 팬시하게 늘어놓는다.
4. 요즘 골몰하는 사실 또는 사물에 대해 진지하고 담백하게 털어놓는다. 그것이 같이 보내는 시와 무슨 상관이 있다는 양.

시작 노트를 처음 쓴 건 2021년이었다. 이전에는 시작 노트가 무엇인지 명확히 알지 못했다. 시와 시작 노트를 달라고 요청받았을 때 한 번쯤 물어보았을 것이다. '시작 노트는 어떻게 쓰는 건가요?' 누군가 설명해주었던 것 같기도 하고, 그렇게 묻기 부끄러운 내가 조용히 받아 들고 시작 노트에 대해 검색했던 것 같기도 하다. 어렴풋한 두 가지 느낌은 모두 사실처럼 남아 있다.

무엇이 사실이며 거짓인지 또 무엇이 옳고 그른지 판단하는 데 어려움을 느낀다. 자신 있게 뱉었던 말의 내용이 더 큰 차원에서

관측되며 얄팍하게 뒤집어지는 장면을 몇 번 본 기분이다. 이것에 대해서도 단지 그런 기분이었다고 말할 수밖에 없다. 그런 일이 일어났는지를 확신할 수 없다.

기억력이 약해진 건 방어기제일지도 모르고 좋지 않은 음주 습관의 부작용일지도 모른다. 나는 주로 마음 가는 대로 행동하고 말한다. 이것이 필터를 거치지 않고 기록되는 일을 당연하게도 원하지 않는다. 그러나 길지 않은 기한 내 무슨 말이든 몇 줄 적어서 보내 주십시오, 하는 요청을 받는 상황에 놓일 때 나는 별수 없이 한순간의 오만과 납작함을 박제하고 만다. 시 같은 것이 아니라 누구나 읽고 들여다보게끔 만들어진 투명한 문장으로······

내가 분명하게 존재시켰던 말들은 놀라움과 부끄러움을 남기는데, 그것도 사실 진짜 놀라움이나 부끄러움은 아니었을지 모른다. 그것들은 내게 큰 가이드가 되어주지 못했다. 다음, 또 다음, 시작 노트를 쓰는 상황에 여러 번 놓이면서도 도무지 조심스러워지지 못했다. 마음은 어떻게든 문장을 통해 누출되었다. 이를테면 이런 식이었다. 솔직히 말하면 곤란했어요. 시를 보내며 어떠한 이야기를 부연하고 싶지 않아요. 그 이야기는 높은 확률로 티 내고 싶지 않은 이야기일 것만 같아요. 저는 티 내고 싶지 않은 이야기를 감당하는 방법으로 시 쓰기를 택했는지도 모릅니다. 요즘 들어 그런 생각을 자주 하게 됩니다. 그렇다고 시가 무엇을 특별히

감춰준다는 얘긴 아닙니다. 그런 줄 알았는데, 알았었는데, 좀 속은 것 같아요. 여하튼 그래가지고, 그것을 꼭 가까이서 보셔야만 한답니까.

몇 해 동안 민망하게 웃으며 키보드 자판을 두들겨왔다. 시를 적고, 무슨 말이든 어쨌든 미문인 몇 문장을 적고, 이런 것을 내고 돈을 받을 수는 없다고 느끼는 한편 나는 적당히 고분고분했고, 성실했고, 돌출되기에는 너무나 쩐따였다.

5. 좋아했던 시작 노트 얘기를 한다. (new)

올해는 유독 편지를 많이 받은 해였다. '어떤 솔직함은 내게 자유와 용기를 쥐여 주는 것 같다'고 얼마 전 한 친구가 적어 주었다. 솔직하다는 것은 나의 고질적인 약점이라 이 말이 퍽 위안이 되었다. 나는 잘 빨개지는 내 귀가 싫고 툭하면 지진 나듯이 떨리는 손가락이 싫고 좋아하는 사람 앞에서 〈개그콘서트〉 방청객처럼 넘어가게 되는 얄팍한 웃음 허들이 싫다. 일기장에도 하는 거짓말을 못 하게 된다는 점에서 시는 더더욱 싫다. 그렇지만 이번 해엔 어쩌다 보니 이 모든 부끄러움이 자랑거리가 되는 경험을 한다. 누가 시 잘 읽었어요, 인사라도 하면 "으악! 말하지 마세요!"

외치고 도망가지만 잠들기 전엔 자유, 용기, 이런 단어들을 떠올리며, 그런 단어와 어울리던 사람들을 생각하며 나 그래도 잘 살고 있는 것일지도 모른다고, 누운 자리에서야 어깨가 조금 펴지는 기분을 느낀다.

  올겨울 많이 추워도, 터질 것 같은 귀를 하고 손을 덜덜 떨게 되더라도 웃을 것이다. 나는 계속 웃을 것이다.

연말이 다가오면 한 번씩 꺼내 읽는 시작 노트를 옮긴다. 이때의 마음이 마음에 든다. 이것을 쓸 당시의 나는 희망을 알았다. 안정도가 아니라, 희망을 뭉쳐 눈과 코와 입과 귀에 꽉꽉 넣은······ 희망으로 채운 허수아비였다. 그해 나는 비틀비틀 주술에 걸린 인형처럼 걸어갔다. 지금은 알고 그때는 몰랐던 한 치 앞을 향해 어떤 산 사람보다도 결연하게.

추천의 말

강동호

신이인의 시는 솔직하고, 발칙하게 세상을 날것 그대로 노래하는 시선의 특별한 매력으로 가득하다. 표면적으로는 이상한 혼잣말 같지만, 수많은 나들이 무성하게 말을 건네는 장면을 보고 있으면 그 누구보다 건강하고 아름다운 내면의 투명성을 느낄 수 있다. 이토록 투명하게 사랑스럽고, 사랑스럽게 투명한 시라니. 신이인의 시를 읽고 있으면 세상을 넓게 포용하는 굳건한 마음의 실체를 확인하게 될 것이다.

오은

신이인의 시는 '나'로 출발해서 '나'로 돌아온다. 언뜻 당연한 사실처럼 보이지만, 이 미세한 변화를 감지하기 위해서는 읽을 때 적극적으로 짐작하지 않으면 안 된다. 그의 시 속에서 변화는 으레 말하기를 디딤돌 삼아 이루어진다. 내가 말하지 않은 것을 말하기, 소리 내어 묻고 그(것)가 말하려던 것을 대신 말하기. 이 모든 말하기가 나를 통해 이루어진다는 점에서, 말할 때 나는 이미 변화하고 있는지도 모른다. 있는지도 몰랐던 그것(부츠의 썩은 밑창, 기계의 슬픔, 손에 들려 있던 것의 존재감, 선의의 웃음 등)이 기어이 발설될 때, 시 속에서 한껏 자유로워진 나는 비로소 고백한다. "나 많은 것을 보았습니다"(「외계인의 시」).

이수명

신이인의 시에서 처음에 어떻게 사물들이 튀어나오는지는 매혹적인 미지수다. 나아가 글자, 부츠, 화분, 기계, 커튼 같은 사물들이 출현하자마자 바로 전면화되는 장면은 극적으로 보이기까지 한다. 물론 이것은 사물의 전면화이면서 동시에 나라는 인물이 사물들과 맺는 관계의 전면화이다. 나는 앞에 있는 사물이 무엇이든 그것을 붙잡고, 그것을 확대하면서 내가 할 수 있는 극단의 존재론을 통과한다. 이 과정을 통해 멋대로 구는 글자이든, 터무니없이 부숴버리는 기계든, 벽처럼 난폭한 커튼이든, 사물들은 나의 사이즈만큼 광활해진다.

조연정

글자의 세계는 무용하고 무해한가. 신이인의 시에는 "버려진 신"(「값」)이나 "고장난 기계"(「꿈의 기계」)처럼 쓸모없어진 것들의 무해한 마음이 그려진다. 그리고 그 무용한 것들을 해치고 싶은 마음과 보듬고 싶은 시인의 마음이 함께 그려진다. 이 두 갈래 마음의 정체는 무엇일까. 다시 한번, 글자의 세계는 무용하고 무해한가. 글자의 세계가 무해하다고 믿는 마음만으로는 언어를 통해 그 무엇도 해낼 수가 없다. 신이인은 글자로만 말해지는 "희망과 건강과 아름다움"을 믿지 않는 "못돼 처먹은"(「실낙원」) 마음으로 언어를 해치고 글자의 세계 밖에 진짜 실낙원을 건설하고자 한다.

하재연

신이인이 만들어내는 이야기의 세계에서 물상들은 자유로운 운신의 폭과 넓이를 얻는다. 기이하고 신비로우며 어딘가 천연덕스러운 이야기의 내부를 따라가다 보면, 오래 고여 있던 깊디깊은 이야기의 발원지 같은 곳에 다다르게 된다. 독자들이 거기에서 맞닥뜨리는 것은 어떤 사랑의 윤리이다. '사람'과 '사람 아닌 것들' 사이에서 어떻게 이곳을 벗어나 더 멀고 오랜 곳으로 나아갈 수 있을지 자신에게 계속해 되묻는 사랑의 윤리. 신이인에게 시와 시의 말들은 그 사랑의 윤리를 실천해가는 방법론이다.

홍성희

두 가지 입체 이미지가 있다. '수금지화목토천해'로 나열되는 우주의 모습과, 각자 자전하면서 태양을 공전하는 행성들이 이룬 태양계가 우리 은하를 공전 중인 우주의 모습. 전자는 무시간적으로 고요하고, 후자는 매 순간이 어지럽고 시끄럽다. 문학은 어떤 입체에 더 가까울까. 신이인의 시는 '문학'이라는 입방체를 더 넓은 공간감, 더 긴 시간감 속에서 언어화하는 것을 자전 법칙으로 삼는다. 가장 작은 단위의 움직임도 '문학' 전체의 움직임과 무관하지 않다는 것을 온몸으로 보여주면서. 그 움직임이 문학에 관한 오랜 상상력을 통째로 바꾼다. 적어도 그 일이 시작되고, 이곳은 그렇게 어지럽고 시끄럽다. 사실의 방식으로, 사실에 가까운 모습으로.

양안다

2014년 『현대문학』 신인추천을 통해 작품 활동을 시작했다.
시집 『작은 미래의 책』 『백야의 소문으로 영원히』
『세계의 끝에서 우리는』 『숲의 소실점을 향해』
『천사를 거부하는 우울한 연인에게』 『몽상과 서울』이 있다.

다음 미래

1

아이들은 열차에서 한낮이 꿈을 청하는 모습으로 잠든다. 기적 소리에도 분노로 물들지 않는 해바라기. 작열하는 신기루에도 사람들은 다음 열차를 기다린다.

2

세상 모든 책을 낱장으로 찢는 인간. 뒹구는 페이지 위에 서 있는 인간. 한 시간에 한 장씩 줍는 인간. 하루마다 스물네 장 분량의 책 한 권을 만드는 인간. 고전적인 불안을 학습하려는 인간. 과거의 신비와 총체를 이해할 수 없는 인간. 멀리서 봐도 비극인 인간. 멀리서 보면 더 작은 인간.

3

나는 네가 쏘아 올린 눈보라 속에 있다. 그것은 지구 최초의 인간이 사랑한 풍경이거나 지구 최후의 인간이 마주할 풍경이다. 내가 아름답게 바라본 형상들이 나를 아름답게 만드는 모순 속에서. 지구 최초의 풍경은 인간이 아니지만 지구 최후의 풍경은 인간이 될 것이다. 뙤약볕도 없이 눈보라가 그치고 물이 되어 흐른다. 네가 두 팔 벌린 물보라 속에 내가 잠긴다.

4

끝나지 않는 마음은 동정 때문이다. 어른이 아이를 망치자 아이는 복수를 학습한다. 어른이 된 아이가 아이를 망치자 망각이 작동한다. 상처가 나면 상처가 따뜻해진다. 피가 흐르면 피가 식는다.

5

열차가 지나간다. 꿈이 질주한다. 선로는 뜨거워진다. 선로는 차가워진다. 열차가 선로를 이탈한다. 꿈이 주인을 뒤흔든다. 아이들이 와르르 쏟아진다.

6

한낮에도 어젯밤 꿈이 이어지듯이. 한낮에도 어젯밤 꿈을 이어 꾸듯이. 한낮에도 어젯밤이 뛰쳐나오듯이.

7

　개 혈액형의 종류는 인간의 것보다 다양하다. 개는 여러 종류의 혈액형을 동시에 가질 수 있다. 개는 자신을 지키기 위해 이빨을 보인다. 개는 이빨로 다른 것을 물어 죽일 수도 있다. 어렸을 적에 우리는 살찐 개에게 이름을 붙여주었는데, 그 이름이 무엇이었는지 정확히 기억에 없고, 다만 우리보다 현명했던 자가 개의 이름을 새로 붙여주었던 것이 기억에 남아 있다. 인간에게 붙이는 이름을 개에게 주면 금세 병들 거라는 이유도 함께. 누가 먼저 시작이라고 할 것도 없이 우리는 서로를 인간의 것이 아닌 이름으로 부르기 시작했다. 인간은 여러 종류의 혈액형을 동시에 가질 수 없다. 그러나 지금 생각하니, 당시 나는 개와 같은 공존 가능한 혈액형을 믿었으며, 네가 그 살찐 개의 발목에 붕대를 감으려다 물렸을 때, 그때 피 흐르는 너의 손등을 내가 핥았다. 그 이후로 살찐 개는 보이지 않았다. 너는 너를 지키기 위해 살찐 개를 죽였을 수도 있었다. 나는 너에게 살찐 개의 행방에 대해 질문할 수 있었다. 그러나 나의 질문은 다음과 같았다. 그 개도 너의 피를 조금은 핥았을까?

8

궁수자리 밑에서 너는 빛의 과거를 바라본다. 모든 빛이 인간을 통과한 적이 있다는 상상을 떠올리지 않는다. 이제 잘 거지? 맞아. 늦은 밤이니까. 그러자 어둠이 있었다.

델피니움 꽃말

세계에는 이상한 일이 일어나곤 한다. 사람들은 모르는 척하는 건지 정말 모르는 건지……

단지 이상한 일이.

나는 물 담배를 연거푸 흡입하며 밍슬을 생각했다. 여기 너무 좋다. 난 음악은 잘 몰라. 조명은 우리를 숨기기에 알맞은 조도야. 밍슬, 다음에 같이 오자. 널 이곳에 초대할게.

영혼을 팔 권리는 그 육체의 주인에게 있다. 위대한 기적은 위대한 속임수일까? 나는 기억을 다 지우든지 비웃든지 하고 싶었다. 나는…… 나는 세례도 받지 않은 사람이라고.

너 말고 아무도 날 울린 적 없었다. 두 번이나. 내가 어디서 취하는지도 관심 없으면서.
　펑.
　펑.
　이웃 도시에서 쏘는 폭죽입니다. 바람결이 좋을 때 잘 들리지요.

　이상한 일이 일어난다.

　바위에 꽃신 한 켤레, 수풀에 썩은 과일, 근처 모래밭에 돗자리를 폈습니다. 망령과 지옥을 외치는 설교자를 몰아내자. 우리는 필요해. 칼과 방패…… 밍슬, 잘 지내니. 너를 자극하고 싶지 않았어.

　얼마나 많은 기적이 우릴 기다리고 있을까.
　― 영혼이 다 소진될 때까지.

　얼마나 많은 벌레가 우릴 물어뜯게 될까.
　― 너도 똑같이 그들을 물어주렴.

　이 술잔은 멀리서 온 귀한 손님에게 대접하는 것입니다. 그들은 모두 이 잔에 입술을 맞댄 적 있지요.

아뇨. 우린 혈통에 일가견 있고 서로가 좋아하는 액체에 능통합니다.

술잔은
두 손으로 받아야 할 정도로
거대했다.

종교인은 인간이 만든 아름다움을 무시하잖아요. 오직 그들 아버지의 아름다움만……

내가 믿는 아름다움은

단지 이상한 일. 이상하다,라고 중얼거리는 일.

밍슬을 마지막으로 본 날, 수많은 사람과 악취가 들끓는 골목을 헤매다 겨우 선술집에 몸을 구겨 넣었다. 일회용 카메라를 잔뜩 테이블에 얹어 놓고. 취한 모습을 찍고. 웃고. 웃는 모습. 입가를 가린 얼굴. 그게 서로의 마지막 모습인 줄도 모르고.

보고 싶어.

난 지금은 예쁘기만 하고 멋이 없어.

여름만 잘 버티고 있어.

세상을 속이고 가을에 갈게.

행복하렴. 밍슬.

행복하렴. 밍슬.

그래. 단지 이상한 일이 일어난다. 세계의 예정보다 빠르게.

네가 너에게 너의 얼굴을 마음을

 그리고 이제 밤이 온다. 너는 너의 것이 아니라는 듯 그림자를 바라본다.

 어떤 방식으로 밤이 깊어지는 것일까. 너는 어둠에 잠긴 너의 팔다리를 본다.

 잔디가 밤의 들판에서 춤춘다.

 잔디가 밤의 들판에서 추는 춤은 보이지 않는다.

 너는 밤의 들판에서 지구 반대편 사람에게 편지를 적는다. '……우리가 비록 다른 하늘 아래에 있더라도 같은 마음이기를 바랍니다.'

 너는 문장을 소리 내어 읽는다.

 같은 마음이기를 바랍니다.

 너는 다른 하늘 아래라고 적었지만 같은 하늘 아래에 있다는 걸 알고 있다. 그 사실은 세계가 애정하는 아주 작은 비밀 중 하나이다.

 이제 잠들기를 거부한 별자리가 기울어지는 시간이다. 아름답지 않은 이야기가 부모에게서 아이로, 연인에게서 연인에게로 퍼져 나갈 것이다.

  울퉁불퉁 레몬의 표면을 만진다. 너는 레몬과 레몬 껍질의 질감에 대해 생각한다.

  달이 떠오른다.

  달이 떠오르자 너의 두 눈에도 달이 뜬다.

  환영처럼

  너는 팔다리를 천천히 움직인다. 그림자의 팔뚝이 앙상하게 펼쳐져 있다.

  너는 너의 마음이 너의 것인지 확신할 수 없다.

  들판은 그림자를 가질 수 없으나 잔디는 자신의 것을 들판에게 넘겨준다.

  너의 그림자가 밤의 들판에서 춤춘다.

  너의 편지에 의하면 너는 밤이 조금 무섭고 미끄럽다.

Queen of cups

네 꼴을 좀 봐.

지루해질 때마다 손톱과 눈동자가

달의 모양을 모방하고 있다.

춤과 불과 절정에서

아름다워. 우리의 악몽 속에서 발레리나가

발끝을 세우고 있습니다. 종아리 근육을 풀었다가

당겼다가…… 뛰었습니다.

달빛은 우리 표정을 녹아내리게 만들었지요.

너는 조금 웃는다.

나는 조금 울고 있는데.

일회용 화약에

밤하늘이 조각난다.

그날 밤, 갈비뼈 안에 새 한 마리

기르고 싶었고 깃털을 가진 채로 우리는

그림자 위로 오차 없이 추락한다.

우매한 지식인처럼.

자애로운 여왕처럼.

"모두 무엇을 위해 나빠지는 걸까요."

"그들의 부모요. 자식이자 사랑이요."

의리만 남은 불한당처럼.

창문 밖에서 달이 타오르는데

거울 안에서 달이 얼어붙는다.

멍청이들을 기념하기 위해 잔을 부딪치자. 컵에는 알코올과 손가락과

빛의 반사만 각인됩니다.

너는 조금 손톱을 뜯는다.

나는 조금 눈동자를 떨고 있는데.

여름이 지나간 숲을 걷던 어느 날이었다.

우리는 숲속 깊은 곳 나무 밑에

우리의 믿음을 매장하려 했다 ─ 선한 기억은 선한 마음의

토대가 된다……

꽃삽 들고 흙을 퍼낸 건 나였습니다.

─ 무슨 벌레가 이렇게 많아?

─ 빨리 끝내봐. 견딜 수 없을 정도로 습하고 더워.

─ 여기에도 이렇게 많은 애들이 살려고 기어 나오고 있어.

─ 나는 땀에 절면 죽고 싶단 말야.

믿음은 잠시 뒤로 두고

구름무늬 돗자리를 펼쳤습니다.

그리고 매정하게 사랑을 나누었다.

모순을 좇는 머저리처럼.

맹목인 줄도 모르는 지지자처럼.

밤의 숲에는

밤의 달이 뜨고

밤의 숲에는

밤의 우리가 나빠지고 있었다. 믿음을 잘 버렸네요.

이렇게 가벼운 줄 몰랐어. 부러진 가지를 모아

불을 지폈고 나체로 춤을 추었고

절정이었을까?

아름다워. 숲속의 호수가

달을 비추고 있었습니다. 물결을 풀었다가

당겼다가…… 뛰어들었습니다.

우리 중 누구도 익사하지 않아요.

네 꼴을 좀 봐. 까르르 웃음을 터뜨렸지.

너는 조금 춤을 춘다.

나는 조금 불을 지켜보고 있는데.

우리는 이 세계의 멀리건.

너의 잔에 달이 떠 있어.
나의 잔에도 달이 떠 있구나.
우리는 그것을 들이켰다.
내부에서 울고 있는 새와 함께
도주하는 빛에 대하여 노래하였다.

서정

당신에게

항상 고마워

빛이 빛을 삼킨다고 이해한다 밤은 그림자가 쏟아낸 핏덩이일까 내가 쏘아 날린 화살은 누구의 마음도 관통하지 못한다 나는 그 사실로 인해 가슴이 아팠어요

느꼈어요 나의 마음 아픈 친구는 돌이 되기를 원했죠 그렇게 굴러떨어졌습니다 가파른 절벽을
 구르는데 몸통이 튕겨 오르더라고요 구름은 높고요
 새 떼가 날아오르고
 불을 질렀습니다 내가 다 태운 숲을 걸어요 네 당신 혼자 그렇게 걸어요
 내가 걷고 뛰고 넘어졌던 곳을 경험해보세요
 친구는 다 깨진 돌멩이

장례를 여러 번 치러야 하는 슬픔이 있다 소리 내어 울다가 끝내 눈짓으로 우는 사람이 있다 지난날 구내염으로 죽어가는 들짐승을 추모했고 내가 짖었다 그것이 분노구나 중독자처럼 서러워서 울었고

누명처럼 억울해서 욕지거리를 뱉었다 그것이 죄악이구나 화롯불에 던져야 할

편지들을 모래밭에 묻어두었다

친구, 그곳에 너를 다섯 번 묻었어

거긴 어때?

내가 사는 곳에는 폭우가 내리고

가끔 침수되곤 한단다

네가 보고 싶어서 울다가 멈추고 울다가 멈췄다 이 모든 걸 나 혼자 감당해야 해?

나의 머릿속에는 리볼버 한 자루가 숨을 쉬고 실린더가 찰칵찰칵 돌아간다 겨냥하는 것입니다 나의 영혼

그것은 두 손에 있다 먹고 잡고 닦고 쓰고 잠에 드는 것입니다

왜요 나의 심장에는 강이 되어 흐르는 영혼이 없습니다 물결이 밀려오고 아득히 현기증, 나는 잠들기 직전마다 외로움을 괴로움으로 오독했다 아니야 그럴 리가 없지 함께 슬픔을 연주하는데 나만 불협화음이었어? 당신

의 죽은 꿈이 나의 절망이었어? 죽은 손톱마다 이름을 붙여주다가 나의 음악이 들판에 있다는 걸 깨닫는다 흉곽에는 갈비뼈 대신 현악기가 전시되어 있고요 심장에 새 한 마리 초대하고 싶어라

눈이 쏟아지는 밤이면 나는 끓인 물을 방 안에 끼얹기 바빴고 온기가 돌았다 당신은 침묵 속에서 나의 불면을 인내했다 내가 눈밭에 뒹굴고 고래고래 악을 썼지만 당신은 나를 아껴주었다 이런 것도 삶이라고 망가질 게 아직 남아 있구나 하루하루 내가 나를 낭비할 때

고맙습니다

아무래도 이 말을 해두고 싶었습니다

노래하느라 지난 계절을 보냈고 노래하느라 다음 계절을 보내겠지요 삶은 나를 망망대해에 떨어뜨리고 육지로 오라고 명령하더군요 너무 멀다 나의 집 나의 신발을 잃어버리고

밤이다 모든 걸 끝내기로 했으나 아직 모든 걸 이해하지 못했다는 사실을 알게 된 밤이다 내가 나를 설명하는 것이 불가능하다는 걸 깨달은 밤이다 아침이 오고 있는 밤이다 아침이 오고 있다는 사실이

믿기지 않는 밤이다 언젠가 친구는 내게 말했다 "모든 사람에게 사랑받고 싶어." 나는 친구의 말을 폭력적이라

여겼지만 그 생각을 입 밖으로 꺼내지 않았다 나는 나의 사랑에 골몰하는 사람이었다 괜찮아 나는 네가 원하는 바를 이뤘으면 좋겠어 친구가 온몸을 흔들며 웃으니까

  나의 세계가 흔들렸다 친구, 나는 너의 온몸에 골몰하는 사람이었다 폭우를 원했지만 내가 외면한 여름

  폭발하고 싶어 나도

  마음껏 먹고 마시고 피우고

  주말에는 한껏 낮잠에 빠지고 싶어

  해가 진다

  산책 나가서 이웃 주민에게 정중히 손 흔들고 안부 인사를 건네고 싶어

  내가 어떻게 할 수 있겠어요?

  매번 지각했으니까

  이미 많은 미래가 나를 관통하여 지나갔으니까

  알아요

  나도 알고 있습니다 다음은 지난 계절의 일입니다 친애하는 형제의 얼굴에 꿈 주먹을 휘두른 어느 새벽이었습니다 살아야 한다고 말하더군요 피투성이 얼굴로 다 알고 있다는 듯이 말했다고요 눈물은 물질이고 눈물 흘리는 얼굴은 종이의 친척이죠 구겨지고 우는 것입니다 네 살아야겠지요……

짓눌린 냄새를 이해할 수 있습니다 돌멩이로 잎사귀를 찧어대고

상처에 덧바르는 일

사랑한다면서 다들 곡예사와 긴 여행을 떠나고 불행인형들이 춤을 추는 새벽 나의 곁에는

내가 발견한 희망이 뒹군다 침수되는 방에서

영상들을 되감으며 나의 미래

타로 카드를 펼쳐주세요 슬픔의 얼굴이 어떤 표정인지 확인해 보는 것입니다

고마워

너무 멀리 가지 않았으면 좋겠어

기다려 달라고 말하지 않을게

구정물은 나의 바다

리볼버는 나의 시계

시작 노트

더 많은 나

  입을 하나 더 가지면 좋을까. 두 개의 입으로도 부족할까. 세 개의 입이면 어떨까. 다섯 개는? 열일곱 개는? 그것은 너무 많은 것일까.
  나는 거울을 본다. 거울에는 나의 얼굴이 있다. 나는 거울에 거울을 비춘다. 나는 거울에 비친 거울을 통해 뒤통수를 본다. 그럼에도 나는 내가 모르는 나를 더 확인하고 싶다. 이편에서
  저편까지
  걸어가는 동안 나도 모르는 나를 더 만나고 싶다. 그들과 함께 인사를 나누고 싶다. 안녕. 나는 양안다라고 해. 그렇구나. 나도 양안다야. 그렇게 손을 마주 잡고 서로의 뒤통수를 묘사하고 싶다. 내 뒤통수가 그렇게 생겼다고? 너의 뒤통수는 이렇게 생겼더구나. 그리고 그것을
  모조리
  기록할 것이다. 내가 모르는 나에 대해 더 알려줘. 너만 볼 수 있는 나에 대해 알려줘. 나의 등은 어떻게 생겼니. 우리는 멀리 떠날 것이다. 멀리 떠난 곳에 도착하여 더 멀리 떠날 것이다. 그게 우리의 존재 이유라도 되는 것처럼 반복할 것이다. 아니. 방금 말

은 거짓말이다. 우리는 그저 그렇게 하는 것이 재미있다는 이유로 멀리 갈 것이다. 겨우 재미라고? 우리가 이토록 멀리 왔다는 걸
  아무도
알아주지 않으면 어떡해? 그럼 너무 슬프겠지. 그리고 나는 수많은 나를 불러놓고 사과를 할 것이다. 미안해. 나는 더 많은 나를 보여주고 싶었는데 그게 잘되지 않았어. 몇 명의 나는 엉엉 울겠지. 그보다 더 많은 나는 불안하거나 억울함을 토로하겠지. 나의 과반수는 이 모든 것에
  무관심
할 것이다. 사과할 필요 없어. 이렇게 될 줄 알고 있었거든. 그렇게 또 멀리 떠날 것이다. 언젠가는 멀리 가는 일을 그만둘지도 모른다. 뒤통수나 등을 묘사하는 일을 그만둘지도 모른다. 그럼 뭐 어때. 재미있었으면 됐지.
  아니.
  방금 말은 거짓말이다. 분명 우리는 더 잘할 수 있었다.
  나는 입을 더 가지고 싶다고 말했다. 모든 것을 섞고 반죽하여 하나의 오브제를 만들고 싶다. 보편적인 마음을 입체적인 목소리로 말하고 싶다. 그러나 미래의 나는 너무
  멀리
있고 내게는 마음이 부족하다. 하나의 빛이 프리즘을 통과하여

여러 갈래로 갈라지듯이. 아무리 말하고 말해도 끝내 말하지 않는 비밀에 대하여. 총체적인 영혼에 대하여.
 더 가까이.
 더 가까이.

추천의 말

강동호
양안다의 시에는 깊은 우울 속에 오랫동안 침잠해본 사람만이 환하게 비출 수 있는 특유의 언어적 어둠이 있다. 그가 보여주는 섬세하게 외롭고, 예민하게 슬픈 시적 언어들은 세상과의 어긋남이 초래할 수 있는 어떤 마음의 내부를 깊이 있게 조명한다. 그의 고독한 언어가 밝혀주는 맑은 어둠을 가리켜 우리는 시적인 아름다움이라고 부를 수 있을 것이다.

오은
양안다의 시는 꿈꾸는 자의 몫처럼 읽힌다. 그 꿈에 초대된 이들은 낯선 광경을 마주하게 되는데, 동시에 거기서 어떤 기시감에 휩싸이게 된다. 내가 이미 경험했거나 앞으로 경험할 장면처럼 느껴지는 것이다. 뿌옛다가 선명해지는 대상에게 다가가 용기를 내 말을 걸고 싶어진다. 꿈속에서 사람은 이상해도 되니까, 그러면 어지간한 것들은 다 이해되니까. 꿈속에서 인간은 다 아프니까, 그러면 나의 아픔이 덜 억울하니까. 꿈속에서 영혼은 더 선명하니까, 그러면 나는 나에게 조금 더 가까워질 수 있으니까. 양안다의 시에서는 낮에 꾸는 꿈에서도 밤이 펼쳐진다. 악몽 속에서도 어김없이 달이 뜬다.

이수명

양안다의 시는 시의 지평이라는 것이, 우리가 알고 있는 것보다 더 넓고 무한할 수 있음을 보여주는 예에 속한다. 한 발 한 발 들어갈수록 시시각각 드넓게 펼쳐지는 세계와 그 안에서 유영하는 색다른 존재들을 만날 수 있다. 과거와 다음이라는 미래, 아이와 어른, 개와 인간, 육체와 영혼, 아침과 밤, 음악과 불협화음 같은 상반되는 요소들이 전면적으로 탄성 있게 결합한다. 미시적이면서도 거시적인 시선이 동시에 스며들어 있다. 누추하고 구겨진 실존과, 실존을 빠져나가는 존재들의 높은 시선이 전체 구성을 견인하는 동력이다.

조연정

양안다의 시는 세계를 멀리서 바라보는 자의 시선으로 씌어진다. 인간 삶의 사사로운 감정이나 순간적인 감각들은 양안다 시의 관심 대상이 아닐지도 모른다. 인간과 신, 삶과 죽음, 어둠과 빛, 육체와 영혼 등 아득한 시공간을 압축해 바라보는 자의 혜안을 증명할 수 있는 관념들이 양안다 시의 관심 대상이다. 세계를 멀리서 바라보는 자는 세계를 초월해 있는 것일까, 아니면 세계로부터 도망치는 중인 것일까. 그는 평온한 것일까, 불안한 것일까.

하재연

양안다가 읊조리는 노래에는 종말 이후를 예감하는 쓸쓸한 패배감이 서려 있다. 인간의 이후조차 인간임을 상상할 수밖에 없는 우리 미래의 풍경을 응시하는 그의 시선은 정직하여 더욱 슬프다. 양안다의 시들은 예정된 결말인 줄 알면서도 비척대며 나아가는 존재들의 빛과 어둠의 부조를 입체적으로 그려내고, 언뜻언뜻 드러나는 어둠의 뒷면은 무섭고 아름답다. 그의 시들이 발견해내는 희망은 이 기이한 일그러짐 사이에 있다.

홍성희

시간에 대한 믿음이 없을 때 사람은 흔히 대단히 위선적이거나 위악적인 포즈를 취하게 되는 것 같다. 극단의 방향으로 시간의 결말을 고정해, 매 순간을 이해하려는 마음과 의지를 내려놓을 수 있도록. 기실 그런 포즈로 시간의 무게를 겨우 견디도록. 양안다의 시에는 내일에 대한 기대와 믿음이 거의 없다. 하지만 그의 시는 아름답거나 참담한 결말의 자리에 문장을 놓는다. 어떤 태도보다 계속 쓰어지고 덧붙고 이어지는 문장들 사이의 인력으로 시간을 당길 수 있도록. 문장을 쓰는 현재에 충실한 때에 양안다의 시는 시간을 믿는 최대치의 마음으로 읽힌다. 그 마음의 인력이 더 많은 문장을 부른다. 또 뜨는 해처럼, 또 기우는 달처럼.

여세실

2021년 『현대문학』 신인추천을 통해 작품 활동을 시작했다.
시집 『휴일에 하는 용서』가 있다.

방학 숙제

마루에 누워 바깥을 본다
떠가는 구름의 속력을 헤아려보는 것이 이번 방학 숙제

밀린 일기를 쓰며
어제의 날씨를 떠올려보다가

어제의 나는
우산을 챙기지 않아서 어느 집 모퉁이 밑에서
어깨가 젖어가고 있는데

오늘의 나는 쨍쨍한 햇볕 밑에서
조금씩 갈라지고 있는데

내가 지어 부르는 노래에도 바람이 불어
음표가 우수수 떨어져 내리고

옆집 지붕에 걸린 구름의 흰빛과
앞집 옥상을 지나는 구름의 흰빛의 차이를 구분하는
게 이번 방학 숙제

세탁기 돌아가는 소리 속에서
나는 파란 크레파스로 수요일을 칠하고
초록 크레파스로 앞집 개 짖는 소리를 칠하고

밥 짓는 냄새를 종이로 접어볼 수도 있을 것인데
배가 고파 상추에 밥을 싸 먹고
커다란 상자 하나를 뱉을 수도 있을 텐데

내가 뱉어낸 상자를 뜯어 보면
그곳엔 친구라고 불러보고 싶은 이름들이 가득하고
작년에 전학 간 친구도

마지막으로 나한테 맥주를 따라 주고
다시는 집으로 돌아오지 않는 할머니도
할머니 냄새가 배어 있는 이불도 돌아오지 않는데

내가 찰흙으로 만들 수 있는 것은

태어나 본 적 없는 나의 모습

책상 밑에서 다리 두 개가 휘적휘적 흔들거린다
피아노 소리가 흘러 들어온다

도화지 위에 피아노를 그리고
손가락을 올려 쳐본다

아무 일도 일어나지 않는다
혼자라는 말은 물통 속에서 섞여
점점 검푸러진다

나 원래 바이킹 잘 타

거짓말이야
나 사실 바이킹 잘 타

소원이라고 해서
바이킹을 같이 타는 게

안전바가 내려가고 우리가 지나쳤던 풍경이
발밑에 서서히 떠오를 때

눈을 뜨고
아래를 봐

눈앞에 펼쳐져 닥쳐오는
지붕들
이별의 모서리들
모두 손톱만큼 작아보일 테니까

그날의 일기예보에는
오후에 비가 온다고 했는데

진짜일까?
내가 우산이 없었다는 말

떨어지는 빗방울을 맞으면서
미래의 어깨가 젖어가는 걸
바라보고 서 있을 수 있지

바람이 불었지
대관람차가 한 바퀴 도는 동안
너는 또 한 번 태어나고

오늘의 너와는 한 움큼만 사랑하고
한 주먹만 이별하고

내일부터는
빗물에게로

바이킹을 모는 바람에게로
내 몸을 던져버리는 공중에게로
나는 갈게

그 너머에서도
너는 돌을 가지고도
돌의 이야기를 지어
웃음 짓는 사람

길고 긴 밤과 낮 동안에도
핀란드로 스웨덴으로
현관문 하나만 지나면
여행을 떠날 수 있는 사람

홀로 아주 깊이 잠에
빠져드는 사람

하고 많은 소원 중에서도
바이킹을 고르는 사람

공중에 몸을 걸고

거꾸로 매달려
배꼽 잡고 웃는 사람

떨어지는
사선의 미래에게로
나는 한껏 기울어지고

지금으로부터 누가 더 멀리
헤어져볼 수 있는지
내기를 해보려고 해

회전무대

 너는 네가 커서 뭐가 될지 알아? 빙빙, 회전무대를 잡고 돌린다 모래바람이 인다 빙빙 이제 그만해 내 칫솔 쓰게 해줄게 어지러워 이것 좀 멈춰줘 육교 위에 매미들이 죽어 있다 샌들을 벗어 털면 죽은 매미의 울음소리가 우수수 떨어졌다 단어장을 꺼내 읽었다 s·c·a·r·e·d 너 흔들면 액체에서 고체 되는 음료수 알아? 캔 속에 혀를 집어넣고 젤리를 핥아 먹다가 입술을 베였어 캔 속에서 거품이 부글부글 비어져 나왔다 콧물을 질질 흘리며 공식을 외웠다 이웃하는 각은 언제나 같은 각일까요? 땡볕 아래 물을 떠다 놓고 신이 와서 마시길 기다리다 잠이 들었다 내 이마는 차고 영수의 손등은 그을려 있었다 이웃하는 얼굴은 언제나 같은 온도입니다 빨강, 레드. 일요일, 선데이. 여름, 섀임. 월요일, 먼데이. 수박, 워터멜론. 파랑은? 그린. 여름은? 레인보우 할 일이 없으면 영수와 01번 마을버스를 타고 종점까지 가며 단어를 외웠다 무서워 뭐가 무서운지 몰라서 무서워 다음부턴 성인 요금 내고 타

모래주머니를 차고 새벽마다 마을을 뛰어다니는 사람 있잖아 보면 맨날 윙크해 우유 급식을 신청하지 않은 애들은 교무실로 불려 갔다 빙빙 내 거 먹어 영수가 다 먹은 내 아이스크림 막대기를 가져가고 자기 걸 줬다 끈적끈적한 손바닥을 전봇대에 문질러 닦았다 전봇대엔 언제나 잃어버린 이름들이 붙어 있구나 웃어야 할 때 웃는 법 그런 거 몰라 다음 주부터 폭우가 쏟아진대 먹다가 접어둔 우유갑에서 벌레 나왔다 벌레 나온 우유 먹은 애래요 오늘 밤에 다리 여섯 개 돋아난대요 아이들이 몰려와 내 머리카락을 잡아당겼다 영수가 달려와 우유를 마저 먹었다 달아나고 싶은 마음에 과거형을 붙이면? 마음에도 불규칙동사가 있어 풀이 초록으로부터 도망칠 때 들판은 한 뼘 더 넓어지고 하늘이 창공으로부터 멀어질 때 가을이 온다 영수가 우유갑을 밟는다 스타카토, 스타카토, 내가 쓴 메모장에는 죽은 매미들의 검은 점박이, 붉은 점박이 붙어 있어 언제든 그 울음을 펼쳐볼 수 있어 네가 너를 버리고 돌아설 때도 네 이름이 얼마나 무성했는지 알아? 비냄새가 난다 먹구름이 낀다 이름들이 주인을 찾아 담장을 넘는 소리 나뭇가지가 흔들리고 운동장에 개미들이 떼 지어 날기 시작한다 영수, 나는 선생님도 미미도 영수도 사랑해 한 컵에 콜라 사이다 미린다를 모두 섞어 마시길 좋아해 너울너울 저녁, 온리. 길, 웨이? 버스는 버스. 바나나는 바나나. 영수가 뛰어온다 빙빙 나는 네가 커서 뭐가 될지 알아

이웃집에 토끼가 산다

 플루트도 가르치고 피아노도 가르치는 이웃집 마당에 토끼가 산다 하얀 토끼가 토끼장 안에서 마당을 등지고 앉아 털을 고른다 귀를 기울이면 벅벅 몸을 긁는 소리가 난다 눈을 떴다 감았다 뜬다 마당에는 파란 꽃 혼자 피는 꽃 무더기로 자라는 파꽃 말하지 않아도 안다 너는 너이고 나는 나 이다음 생에는 돌멩이로 태어나고 싶어 영수는 혼잣말을 중얼거린다 모서리가 다 깎여 나간 돌멩이 가볍고 날쌘 돌멩이 어린아이가 주워 물수제비를 뜨기에 적당한 돌멩이 지붕 끝에 매달린 빗방울을 볼 때 영수는 잠시 놓여난다 퐁당퐁당 파문이 퍼져 나가고 영수는 고요하다 영수는 가끔 노을이다 영수는 가끔 야산이고 영수는 자주 뒷걸음질이다 영수는 영수일 때 이따금 틀리곤 한다 틀린 영수는 토끼를 보러간다 토끼는 꼼짝 않고 자다 깨다 자다 깨다 자다 깨어 몸을 늘인다 토끼가 한 번 뛴다 살아 있어 살아 있지? 초등학교를 지나 캠핑카가 주차되어 있는 골목을 지나 작은 도서관을 끼고 이용원 맞은편 골목에 피아노 소리가 들린다 노래 속의 토끼가 점차로 깜박 철장 안에 토끼가 무더기로 철렁 영수 마음속 토끼가 마구잡이로 켜졌다가 꺼질 때 영수는 알파벳을 거꾸로 외운다 토끼는 전생에 폭풍우에 휩쓸려 간 개미집이거나 눈밭 위에 발자국이었을까 토끼는 영수가 다가가면 하던 일을 멈춘다 네가 바다를 떠난 불가사리이거나 밤하늘이 지겨워진 별이라도 너는 너 나는 나 토끼는 자주 밥을 거르고 주인은 매번 토끼의 이름을 다르게 부른다 토끼는 마치 냇물 언젠가는 총성 철장 밖의 마주침 집에서 피아노 소리가 들리면 토끼는 기지개를 켠다 토끼는 대답을 하지 않기에 영수는 계속 되묻는다 너는 갓난애의 도리질 너는 세상에서 제일 투명한 대괄호 영수는 토끼에게 각설탕을 건네는 상상을 하며 집으로 돌아간다 담벼락이 젖어 있다 토끼가 계속 토끼라면 영수는 한 번쯤 노래가 되고 싶다고 바란다 영수가 머물다 간 토끼장 앞에서 이웃들이 멈춰 선다 아무도 플루트도 피아노도 배우지 않고 토끼만 보고 간다

솔의 눈

내가 가진 만약에를 줄게

그네를 타는 아이가 발을 구른다
이제 막 여름의 수신음이 들려온다
공중에 손가락을 펴 보이는 이팝나무 가지

만약에
내일 아침에 눈을 떴더니
침대 위에 내가 아닌 커다란 달걀프라이가 있다면?

흰쌀밥이 되어
노랑을 덮고 늘어지게 익어가는 늦잠이 될게

꿈에서 꼬집히면 아프지 않지
꿈에서 밥을 먹으면 배가 부르다?

만약에 집에 돌아왔을 때
내가 아닌 내 몸통만 한 화분이 드리워져 있다면?

오후 내내 창가에서 닿아둔 햇볕을 말리느라고
소쿠리를 다 썼는데
내가 숨겨둔 보물 그건 쌀통을 열어 보면 있어
쌀통에 손목을 묻고
하얗게 누워 누룩이 되어가는 상상

삭은 것, 익은 것, 마른 것

조금 더 기다리다 보면 알게 되지
내가 간직해온 선물
그건 배춧국 속에 네모나게 떠 있어
두부를 골라 먹으며 알게 되는 건
모서리가 무너지며 하는 말

이제껏 너처럼 강한 여자를 본 적이 없어

   지금 난 물구나무를 서고 있는 게 아니야 지구를 들어
올리는 중이야

네가 외칠 때

푸른 것을 가리키는 단어가 하나 더 필요해진다

각졌으나 부드러운 것 모난 모서리의 걸음걸이
마지막까지 뛰어오는 이를 위한 결승선과 두 손뼉이
남아 있으므로

오늘 하늘 구름은 꼭 날개 같다

바람 불면
바지랑대 아래서 소나기의 낙법을 연마하는 너는
이번에도 기발하게 무너진다

둥근 것이 책임져온 혼잣말이 대꾸한다
네가 이번에도 태어나길 선택했듯이

비가 온다 춤을 추라고

만약에
이제 막 입을 뗀 네가

첫마디를 우물거리고 있다면

모두가 그 첫마디를 듣고도 고개를 갸웃거린다 해도
양날의 기쁨이 있다 환한 쪽과 아주 환한 쪽

시작 노트

두루미의 식탁 여우의 물잔

 홑이불을 꺼내 덮고 누워서 하염없이 상상했다. 내가 다른 것이 되는 상상, 여기가 아닌 다른 곳을 떠올리는 상상. 그런 상상을 하다 보면 잠에 들 수 있었다. 꿈속에서는 솔직해질 수 있었다. 꿈에서 꿈을 받아쓰려고 해보았으나 실패했다. 싫은 것은 너무 많으나 사소해서 일일이 나열할 수 없었고 좋은 것은 몇 개 되지 않으나 좋은 이유가 셀 수 없이 많아서 채 다 쓰기 전에 깨어났다. 꿈속의 호불호를 떠올리려다 여름 감기가 들었다. 고열을 지나오는 동안 나는 못 보던 모서리를 발견했다.

 내가 몇 각형으로 이루어진 인간인지를 고심할 때 나는 당신과 함께 새로운 동네를 산책했다. 이 동네는 유난히 문방구가 많다. 우리는 문방구에 들어가 학용품을 구경하고 요즘 유행하는 캐릭터 중 어떤 것이 서로를 닮았는지 이야기했다. 그리고 가장 새로 나온 아이스크림을 하나씩 사서 나왔다. 늘 막대로만 먹었던 요거트 아이스크림이 콘의 형태로 재출시되기도 하고, 튜브 형태로 나오던 배 아이스크림이 막대 형태로 나오기도 했다. 분명 똑같은 맛인데, 콘에 담긴 요거트 아이스크림과 막대에 꽂힌 배 아이스크림은 어딘가 낯설었다.

그런 순간이 기뻤다. 비슷해 보이나 전혀 다른 형질의 하루를 뒤지려 아이스박스에 손을 묻던 날, 당신의 옷장에서 빌려 입은 고래 티셔츠를 입고 자연스레 내가 밥을 먹던 날, 당신이 내가 쓰다 만 로션을 가져가 발뒤꿈치에 바르던 날, 헤어지고 다시 만나는 동안 당신에게 돋아난 뿔의 개수를 세어보던 날, 아이를 가지는 꿈을 꾸던 날. 구름 그린 기린 그림. 발음을 해보았다. 그것은 내가 될 수도, 내 것일 수도 있는 미래였고 내 것일 리 없어 더 아름다워 보이는 상상이었다.

작년 이맘때 우리는 도자기 공방에 갔다. 거기서 각각 종지와 접시, 찻잔을 만들었다. 내가 얼마나 세게 페달을 밟는지에 따라 물레가 느리게도, 빠르게도 돌아갔다. 손가락을 지그시 누르고 있는 것만으로 바닥이 생기고, 손을 마주 모으고 찻잔에 대고 있는 대로 잔이 되기도, 종지가 되기도 했다. 당신은 반찬을 담기에는 크고, 국을 담기에는 작은, 그러나 속에 아주 멋진 무늬가 새겨진 그릇을 완성해냈다. 그 속의 무늬가 꼭 바다의 너울 같았다. 내가 만든 잔은 입구가 조금 일그러졌는데, 공방 선생님이 이 부분을 수정해드릴까요?라고 물었으나 나는 그 일그러짐이 꽃잎 같아서 그 모양을 고수하기로 했다.

며칠 후 완성된 도자기가 도착했을 때, 생각보다도 그것들은 아름다웠다. 그것은 우리의 찬장에 보관되어 있다. 그릇 안에 파란

색으로 새 발자국이나 노란색으로 꽃잎을 그려놔서 실제로 반찬 그릇으로 사용하진 않는다. 내가 만든 찻잔은 차를 따르면 차의 뜨거운 열기가 고스란히 전해져서 차를 따라 마실 순 없다. 그러나 우리에겐 끝없이 그런 그릇과 찻잔이 필요하다. 반찬을 담을 수는 없으나 서로의 방식을 가늠해볼 수 있는 찻잔과 그릇 들.

나는 언젠가 당신과 함께 또 한 번 접시도 아니고 물병도 아닌, 컵에 가까우며 식탁과도 유사한, 지금껏 불린 적 없는 그런 무언가를 다시 만들러 가고 싶다.

추천의 말

강동호

여세실의 시는 당신을, 사물을, 그리고 일상을 멀리서 포착할 수 있게 하는 시적 감각의 기쁨으로 가득하다. 마치 공간 점프를 하듯 바이킹을 타고, 그네를 타면서 세상을 멀찍이 바라볼 때 세계의 날 선 모서리가 깎여 나가는 풍경이 연출된다. 여세실은 이 허물어짐의 사건 속에서 발견되는 미세한 차이를 통해, 무수히 많은 나를 상쾌하게 전개해나가는 중이다.

오은

여세실의 시는 장면이 죽죽 늘어난다. 늘어난 시공간에 시선이, 단어가, 문장이 틈입한다. 찰나에 불과하더라도, 한번 벌어진 틈에서는 과거에서 미래까지의 이야기가 가뭇없이 소환된다. 바이킹을 타는 3분 남짓한 시간이든 한 달여의 방학 동안이든 상관없다. 아직 벌어지지 않은 일들이 이미 천연덕스럽게 일어났다는 사실만이 중요하다. 그것을 진술하는 목소리가 침착해서 묘한 긴장감이 감돈다. 불규칙동사처럼 패턴을 거부하는 시 속에서 액체는 고체가 되고 바이킹은 이국으로 나를 데려간다. '만약'이 펼쳐지는 시속 현장을 종횡무진하다 보면 이 기진맥진한 상태를 반길 수밖에 없게 된다.

이수명

여세실의 시는 상처가 없고 투명하다. 그가 사물과 세계에 대해 상상을 하고 있기 때문이다. 그 상상이 추상적 관념이 아니라 현실에 대한 것이기 때문이다. 무엇보다 사라진 현실이거나 없는 현실에 대한 상상이기 때문이다. 존재하지 않는 것을 상상할 때, 장면들은 투명해지고 서로 부딪치지 않는다. 존재들은 나치지 않고 미끄러지기만 한다. 그리하여 바이킹이나 회전무대 같은 일종의 시적 컨테이너에 담기는 것들이야말로 현실에 대한 꿈같은 구성물이라 할 수 있다. 부단히 섬세하고 정교하게 빚어낸 상상의 물화이다.

조연정

과거와 미래의 시간은 부재로만 존재한다. 현재의 우리에게 부재의 시간들은 기억과 상상을 통해 가까스로 있는 것이 된다. 없던 것이 있는 것이 되고 있던 것이 없는 것이 되어버리는 허무함은 시간 속에 유한히 존재하는 인간의 숙명이기도 하다. 여세실 시의 선명한 이미지들은 그러한 부재의 감각들을 그리고자 한다. 우리는 매일 오늘의 나와 한 움큼씩 이별하고 내일로 나아간다. 그 잊힌 사실들을 읽고 쓰는 일은 역시나 쓸쓸한 것일 수밖에 없다.

하재연

여세실의 시는 천진한 가벼움을 갖고 있다. 그의 눈길은 사물과 대기에로 유연한 도약을 꾀하고, 그의 시들에서 타인과 스쳐 가는 만남의 시간은 늘 새로운 시간의 가능성을 내장한다. 그리하여 여세실의 시는 특별한 낙관성의 세계를 열어젖히는데, 이 물렁물렁하고 다채로운 상상력의 장소에 초대받는 독자들은 아주 기꺼운 마음으로 그의 놀이에 참여하게 된다. 하얀색 비둘기를 넣었는데 일곱 빛깔 롤리 팝 사탕이 튀어나오는 마술 상자를 선물받은 것처럼, 시의 세계에서만 가능한 꿈의 놀이에 말이다.

홍성희

양팔 저울의 한쪽에 추를 놓으면 추를 올린 쪽으로 두 팔이 기운다. 눈금에 표시된 기울기로 무게를 잴 때, 반대편 팔의 손은 텅 비어 있는 것처럼 보인다. 여세실의 시는 추를 올리지 않은 쪽 팔을 보면서 가늠되지 않는 것의 무게를 본다. 끝내 숫자 하나로 답 내려지지 않을 마음들이, 그것을 바라보는 말 없는 시간이 허공처럼 거기에 있다. 쑥 올라간 팔처럼 가볍고 산뜻한 모습으로, 여세실의 언어는 추 대신 공간 전체를 들어 올리는 상상을 한다. 보이지 않는 밀도가 저울을 움직일 때까지, 그렇게 다시 허공으로 추를 들어 올릴 때까지. 그 팔의 감각을 생각할 때 가장 구체적이 되는 건 저울의 몸이다. 무언가를 자꾸 얹어 가늠하는 우리 마음의 몸. 여세실의 시는 그 몸들이 가만히 누울 수 있는 느릿한 공간 같다. 그저 만나 숨을 나누는.

임유영

2020년 문학동네신인상을 통해 작품 활동을 시작했다.
시집 『오믈렛』이 있다.

연해주*

박력분 135g

버터 135g

달걀 3개

설탕 75g

베이킹파우더 1t

바닐라향 0.5T

소금 2g

바닐라빈 1개

생크림

과일잼

슈거파우더

뜨거운 냄비에 버터와 바닐라빈, 바닐라향, 과일잼, 설탕을 넣어 볶는다. 휘저은 달걀과 물 한 컵을 붓고 함께 졸이다가 계란물이 끓어오를 때 박력분과 베이킹파우더를 넣고 거품기를 이용해 마구 뒤섞는다. 끈적해지면 불을 끄고 식힌다. 딱딱해지기 전에 이구아나 모양으로 성형해 오븐용 그릇에 담는다. 200도로 예열한 오븐에 넣어 120분간 굽는다. 이구아나가 구워지는 동안 주방을 정리한다. 생각할 시간이 충분하다. 120분. 생각할 시간은 충분했다. 딱딱하고 검은 그을음이 팬에서 떨어지지 않는다. 인간이 싫다. 이해한다. 마지막에 웃는 자가 싫다. 나는 마지막에 우는 자. 엉망진창으로 통곡하는 자, 늘 지는 자, 넘어지고 뒤처지는 자다. 불 꺼진 뒤 도착하는 자, 빈 잔을 받는 자. 나의 빈 자루는 이보다 더 빌 수 없고 터진 곳도 구멍도 많지만. 나의 소중한 자루, 꽃도 빵도 없지만. 자루 속에 작은 것을 넣을 수는 없다. 예컨대 밀가루나 곡식이나 소금을 넣을 수는 없다. 큰 것은 넣을 수 있다. 이를테면 블라디보스토크. 연해주, 러시아, 유라시아 대륙. 그리고 이글이글 타오르는 한 마리의 이구아나. 당신이 멕시코시티에서 칠리소스를 발라 먹은 것. 자루 입구를 쥐고 열렬히 흔들어 내용물을 잘 섞는다. 눈을 감고 손을 넣어 가장 먼저 잡히는 것을 꺼낸다. 그것은 연해주다. 그것이 연해주다. 불타는 이구아나 모양의 덩어리.

"시를 읽고 있었어요."

고개를 든 당신이 말한다.

---

* 이구아나와 시 읽는 사람 모티브는 로베르토 볼라뇨의 소설 「지상 최후의 일몰」에서 가져옴.

담자균문

    오늘 서울국제도서전에 가서 휴대용 버섯 도감을 한 권 샀다. 세밀화 위주로 간략한 설명을 곁들인 이 작은 책 『버섯 나들이도감』*에서 다루는 버섯은 총 124종이다. 여기서 다루는 대부분의 버섯이 담자균문에 속하는데, 담자균문이란 우리가 버섯이라고 하면 흔히 떠올리는 갓과 기둥으로 이루어진 모양을 하고 갓주름에 달린 세포로 포자를 만드는 버섯의 무리이다. 나는 언젠가 박선민 작가의 〈파라목토〉 시리즈를 감상하고 그의 의뢰로 네 편의 연작시를 쓴 적이 있다. 네 편의 시는 버섯 따는 사람을 따라 산에 올랐다가 내려온다는 내용이다. 박선민 작가의 「버섯의 건축」(2019)이라는 유명한 영상은 나도 무척 좋아하는 작품이다. 그래서일까, 〈파라목토〉에 대한 시를 쓸 때도 버섯의 이미지를 떨칠 수 없었던 듯하다. 하여튼 『버섯 나들이도감』에는 우리가 흔히 주변에서 볼 수 있는 버섯 124종이 실려 있는데, 내 생각으로는 여기에 적어도 38종 정도는 보태어야 더 이해가 쉽지 않았을지 싶다.

특히 이 책의 주 독자층인 어린이들에게는, 본인이 주변에서 흔히 보던 버섯이 도감에서 누락되어 찾을 수 없다면 그 실망감과 상실감이 대단할 것이라고 본다. 현재 일본 도쿄에 거주 중인 내 딸이 만 5세이던 그해 장마가 크게 들어 우리 네 식구가 세 들어 살던 반지하에 80센티미터 정도나 흙탕물이 찼다가 빠진 일이 있다. 그때 들이찼던 흙탕물에 섞인 오수와 각종 세균 때문이었을까? 너무 푹 젖은 가재도구는 아깝지만 내다 버리기도 하고 볕에 말려 사용키도 하였으나 벽지를 전부 다시 도배할 수는 없었으므로 환기를 시키고 선풍기 바람을 쐬었는데 그날 이후 종종 곰팡이나 버섯 같은 것이 자고 일어나면 피어 있는 경우가 있었다. 딸과 나를 비롯하여 우리 네 가족이 생생하게 기억하는바, 당시 우리가 관찰하였던 버섯의 종류만 약 50가지, 그 모양과 빛깔은 무척 다채로웠는데 어떤 날에는 오색찬란한 어린 버섯들이 한꺼번에 피매 우리가 그것들을 따서 냄새도 맡고 그림도 그려놓고 또 날것을 그대로 먹거나 탕에 넣어 익혀 먹는 일도 있었다. 한날은 살구도롱이헛바닥버섯을 분홍도롱이헛바닥버섯과 착각하여 그것을 생으로 따 먹고 꼬박 사흘이나 의식 없이 내리 자고 일어났는데 몸은 무척 개운한 느낌이 든 경험을 네 명이 동시에 하였다. 그때 나는 시는 전혀 쓰지 않고 다른 일로 생계를 유지하였으나 정규로서 채용되는 일은 드물었기에 다양한 일을 하여 근근이 먹고살았는데 그럼에도 딸이 건강하고 똑똑하게 잘 자라 현해탄 너머 일본 땅에서 꿋꿋하게 살아가는 현재를 매일 감사히 여기며 산다. 그렇기에 우리의 소중한 기억을 머리 맞대고 떠올려 당시의 기록(그림, 일기, 메모 등)을 바탕으로 35종의 버섯을 이 도감의 양식에 맞게 정리하여 덧붙인다.

* 석순자 글, 권혁도 외 그림, 보리, 2017.

예언

 올 4월에 지구를 지나는 폰스-브룩스 혜성의 주기는 71년이라고 한다. 이번 관측을 놓치면 71년을 더 기다려야만 같은 별을 다시 볼 수 있다는 것이다. 아마 71년 후의 폰스-브룩스 혜성은 올해의 폰스-브룩스 혜성과는 조금 달라지겠지만. 71년 후에도 내가 존재할까? 그렇지 않다. 이번 혜성을 못 본다면 아쉬울 예정인가? 조금도 그렇지 않다. 예전이라면 크게 아쉬워했을지도 모른다.

 올 4월의 나는 연초에 혜성 소식을 들은 걸 기억한다. 다이어리의 4월 밑에 작은 글씨로 '혜성'이라고 메모도 해두었고, 4월이 시작되면서 나뿐만 아니라 혜성 출몰 소식에 들뜬 세계의 언론인들이 부지런히 혜성의 소식을 전해준다. 나는 그런 뉴스를 보면서 혜성이 오는 날짜를 하루하루 세어보기도 하지만, 아뿔싸, 하필 그날 술을 너무 많이 마셔서 잠드는 바람에 그 밤은 그저 그런 밤으로 끝나버린다.

그러나 나는 일말의 아쉬움도 없이, 평범한 숙취의 고통을 느끼며 태양 아래 깨어난다. 휴대폰을 켜서 지난밤 지구를 지나간 혜성을 가장 멋진 모습으로 촬영한 사진을 찾아본다. 생각보다 그렇게 굉장하진 않군. 하지만 내가 별을 좋아하는 소년이었다면 멋진 밤을 보냈을 만도 한 모습이군. 이 밤은 보름이 아니었고, 날씨도 청명했고, 미세 먼지가 심하지도 않았군. 정말 다행이군.

예측 가능한 사건을 놓치는 건 아쉽지 않다. 내가 무엇을 놓쳤는지라도 확실히 알 수 있기 때문이다. 어떤 일이 분명히 일어나리라고 예측되었고, 실제로 그 사건이 발생하였고, 그 양상도 예측에서 크게 벗어나지 않는 범위 안에 있었음을 확인하면 된다.

몰라서 못 본 미욱한 빛이 내 안에도 참 많았는데. 지금은 붙잡고 싶어도 다 떠나고 없다. 언제 온다는 기약도 없고 죽었는지 살았는지도 모르겠다. 시커먼 어둠 속에 손을 욱여넣으면 축축하고 물렁거리는 것만 잡힐 뿐이다. 나는 이것을 가지고 평생 살아야 한다.

정말 몰랐다고 할 수는 없다. 새까맣게 몰랐다면 그것들이 있다가 없이 된 건 어찌 알았을까.

저기 봐라. 먼 하늘에 내 얼굴 하나 날아간다.

묘향산

묘향산은 신묘한 향기가 나는 산이란 뜻이다. 한국민족문화대백과사전에 따르면 그 이름은 불교 경전 중 하나인 『증일아함경增壹阿含經』 속 '기향奇香'에서 유래했다고 한다. 산채와 약초가 많이 나고 특히 향나무와 사철나무가 많아 지어진 이름이라고도 한다. 나는 그런 경전은 모르고 묘향산에 가보지도 못했고 갈 수도 없지만, 그 산에서 좋은 향기가 나리라 짐작한다. 나는 살아 있는 향나무에 대해서도 잘 모른다. 오래전 할머니의 손님이 금산 보리암에 다녀온 기념 선물로 향나무 염주를 사 오신 일이 있었다. 거봉처럼 커다란 향나무 구슬은 향을 유지하기 위해선지 표면은 아무 칠 없이 사포질만 된 모습. 그게 진짜 향나무로 만든 것인지, 다른 나무 구슬에 향나무 향기를 입힌 것인지, 그 향기마저 향나무 향기였는지 향나무 향기를 흉내 낸 가짜 향나무 향기였는지 나는 모른다. 향나무 염주도 어디에 있는지 모른다. 향나무는 남해에서 많이 나니까 보리암에서 향나무 염주를 팔았을 법도 하다. 그런데 묘향산은 냉대림대에 속한다. 그러니 묘향산에 많다는 향나무가 남해에 많은 향나무와 같은 것인지 알 수 없다. 사진으로 보는 묘향산은 울창하다. 이 산에도 산불은 났을 텐데, 그때 어떤 냄새가 났을까? 의외로 산불은 대부분 자연발화가 원인이라고 한다. 이 사실을 알고 나서 나는 묘향산과 묘향산의 산불과 나무와 풀과 꽃이 타는 냄새와 그을린 바위와 희고 검은 연기를 상상하더라도 예전보다 죄책감을 적게 느낀다. 그렇더라도 묘향산에 불이 나지 않길 바란다. 숭례문이 타버렸을 때 내가 본 것은 오직 불타는 숭례문뿐이었기 때문이다.

그 빛

그가 색맹 진단을 받은 것은 열네 살이 되던 해 봄의 일이다.

"적색."

그는 진단 앞에서 다시금 눈을 비비고 세상을 둘러보았지만 주변은 그대로였다. 여전히 어떤 사람은 추했고 어떤 사람은 아름다웠다. 손톱과 손과 손바닥과 피부 아래 정맥의 색도 이전과 같았으며 강한 빛을 보면 눈이 아렸다. 타인이 애호하는 색과 그가 애호하는 색이 일치할 때도, 아닐 때도 있었다. 모든 일이 너무나 천연덕스레 느껴졌기에 그는 사람이 거짓말을 하는 일에 대해서도 나쁘지 않게 여기기로 했다.

그는 수려한 용모와 다정스런 말투를 가진 청년으로 자라났다. 그는 다양한 사람들로부터 많은 사랑을 받았다.

"사랑해."

그는 아주 사소하고 사악한 거짓말로 아무도 모르게 누군가를 집요하고 고통스럽게 괴롭힐 수 있었다. 어쩌면 그것 때문에 죽은 사람이 있었을지도 모르는데 그는 전혀 신경 쓰지 않는다. 그러니 사실상 그들의 고통에 대해서는 누구도 신경 쓰지 않는 것이다.

그는 멈추지 않는다. 멈출 수가 없다.

그의 본성이 이토록 악하다는 사실은 오직 신만이 이해하시리라. 이 악취 나는 영혼은 지옥에서 영원히 불타리라.

"기쁨."

그에게 기쁨을 주고 싶지 않다.

그래서 더 사랑한다.
미칠 듯 사랑한다.

시작 노트

시는 내가 홀로 있는 방식*

윗집에서 벌써 인기척이, 도로에선 버스 소리가 들린다. 흐린 날 새벽에 큰길가에서 자동차들을 보고 있자면 시간을, 뭐랄까, 살살 만질 수도 있을 것 같다. 쓰다듬을 수 있을 것 같다.

남편에게서 '아폴로 13'이라는 폭탄주 얘기를 들었다. 작은 접시 위에 맥주잔을 올리고 그 맥주잔에 소주잔을 넣는다. 거기에 젓가락 두 개를 올리고 그 위에 소주잔을 넣은 맥주잔을 하나 더 올린다. 그 위에 젓가락 두 개를 다시 올리고 소주잔을 얹는다(물론 상기 모든 잔은 술로 가득 차 있음). 그걸 13초 안에 전부 마시는 거라고 한다. 시간 내 맨 아래의 접시에 흐른 술까지 전부 다 마셔야 한단다. 급성알코올중독으로 쇼크 올 것 같다. 회식 때 다른 사람들이 이러고 놀더라는데. 13은 좀 불길한 숫자 아닌가?

나: 그 우주선 터진 거 아냐?
남편: 터진 건 챌린저호.

* 페르난두 페소아, 『시는 내가 홀로 있는 방식』, 김한민 옮김, 민음사, 2018.

음, 터진 건 챌린저호.

취하면 전화 돌리는 버릇이 있는 친구가 밤중에 전화를 해 왔다. 저편에서 킬킬 웃길래 나도 킬킬 웃었다. 서로 웃음소리를 들으니까 자꾸 더 웃겼나 보다. 한참을 낄낄대고만 있는데 다른 누가 그 전화로 말을 걸어왔다. 엄청 유명한 가수였다.

엄청 유명한 가수: 안녕하세요? 님은 누구세요?
나: 살려주세요.

살려달라고 함.

친구 결혼식장에서 예전에 사귀었던 사람을 만났다. 엘리베이터에서 악수했다. 밖에 나와서 흡연 구역 찾다가 그에게 전화했다. 여즉 전화번호 외우고 있었군.

나: 오랜만인데 담배 한 대 태우시죠?
옛 애인: 담배 끊었습니다.

끊었다고 함.

김정환 선생의 이메일 호출을 받고 작가들이 잔뜩 모인 모임에 가서 뻣뻣하게 있었다. 원래 거긴 내 단골집이기도 한데, 아무튼…… 선생은 몇 달째 술도 안 드시고. 나는 그 곁에 앉아 어색해서 맥주만 거푸 마셨다. 다들 유명한 소설가, 시인 들. 실례가 안 되려면 뭐라도 말을 하긴 해야……

　　나: 제가 여기서 연차로 치면 제일 막내네요! 하! 하하!
　　김정환: (날 가리키며) 하지만 여기가. 술만큼은 아주 베테랑이라구!

　　선생님을 본받아 진짜로 술을 끊어야겠다고 생각했다.

　　이보다 몇 달 전, 연초, 우연히 단골집(위의 그 집)에서 선생님과 사모님을 마주친 날. 권민경 시인과 이효영 시인도 처음 본 날. 선생님이랑 내 시가 같이 실린 『창작과비평』 봄호 출간 거의 직후였는데, 선생님께서 그날.

　　김정환: 여, 시 좋데!

　　툭 던지신 한마디가 내 마음속에서 계속 빛난다. 나중에 선생님과 문예지 대담을 하게 되었는데, 그때 시인의 시집을 집중해 읽었던 일이 큰 공부가 되었다. 잡지(『현대시학』)나 선생님껜 도움이 전혀 안 된 점 죄송할 따름…… 그치만, 뭐, 제가 베테랑도 아니고.

그때 또 발견한 나의 공부는 최민 시집 『어느날 꿈에』(창비, 2005)다. 김정환 시인이 해설을 쓴 시집. 내가 대학교 다닐 적 제일 좋아했던 교수님. 평론가의 비밀(아님) 시집. 2005년은 내가 대학 입학한 해니까 시집을 몰랐을 만도 하다. 아쉽기도 하지만 지금 딱 읽어서 좋은 것 같다. 필라테스처럼.

2024년 상반기엔 거의 두 사람만 보고 또 봤다. 한 사람 김정환, 또 한 사람 클라리시 리스펙토르. 『세상의 발견』(신유진 옮김, 봄날의책, 2024) 읽고 확신했다. 나는 분명 이 여자로 이루어져 있구나. 조금이겠지. 아주, 아주 조금. 거의 보편적인, 인간이라면 누구에게라도 함유된 만큼, 조금. 그러나 너무나 분명히.

나: 친구들이 요새 뭐 하냐고 물어보면, "야, 요즘 내 머릿속엔 김정환밖에 없어!"
김정환: (웃음)
나: 그러고 나서 이제 클라리시 리스펙토르 엄청 읽고 있어요.

어쩌다 보니 완벽한 균형을.

  김정환: (웃음)

  균형?

  잠들기 직전의 생각들. 아무래도 함께라는 건 부자연스러워. 너무 인간적이야. 가장 자연스러운 상태는 혼자일 때야. 더럽게 외로울 때야. 그러나 그럴 수 없다면.

  책장의 페르난두 페소아: 시는 내가 홀로 있는 방식.

  종로3가에서 해장국 먹고 담배 하나 빌려 피우고 종로2가에서 271번 버스 기다리는 새벽. 아직은 나쁠 것도 무서울 것도 없는. 그런 사랑이 있다고 해볼까요.

추천의 말

강동호

임유영의 시는 예측을 빗나가는 엉뚱하면서도 천연덕스러운 말의 운행을 통해, 우리의 의표를 정확히 찌른다. 특별한 내용도, 비범한 상징에도 의존하지 않고 오직 말의 리듬만으로 독자를 현혹할 수 있는 이 독특한 시적 세계를 뭐라고 명명해야 할까? 아직 확신할 수 없지만, 힘주어 말할 수 있는 것은, 임유영의 시야말로 시적인 언어만이 구사할 수 있는 특별한 힘이 존재한다는 사실을 증거하는 가장 명징한 사례라는 것이다.

오은

임유영의 시는 '그럴듯한 것'을 '그런 것'으로 만든다. 뻔뻔하고 노련하게. 제품 사용 설명서처럼 건조하지만, 동시에 타인의 일기장처럼 은밀하게. 그는 시를 통해 "이거 혹시 알고 있었나요?"라고 묻는 듯하다. 천연덕스러움이야말로 백지장 위에서 가질 수 있는 최상의 태도나 부릴 수 있는 최고의 재주인 것처럼. 그는 "예측 가능한 사건"(「예언」)에 자발적으로 가세하지 않음으로써 스스로 예측하기 어려운 시적 상태로 진입한다. 뭐든 시로 만들어버릴 수 있다는 위풍당당한 기세로. 그에게는 백지장도 맞들면, 아니 만들면 나을 것이다. 그 안에서라면 매가 없어도 시치미는 덩그러니 놓일 수 있으니까.

이수명

실재에 다가가는 방법을 알지 못할 때, 일반적으로 상상을 동원해 이를 가능하게 하는 것이 예술이고 '시'라 생각한다. 이 완고한 토대 위에서 시가 상상과 영감의 발사체라는 우아한 가정은 훼손된 적이 없다. 하지만 이것을 기꺼이 의식하고, 이 출발에 동의하지 않을 수 있음을 보여주는 것이 임유영의 시다. 마치 시가 상상하지 않고 버섯이나 혜성, 묘향산의 실재에 닿을 수 있다는 듯이 말이다. 설명이나 관찰, 진술의 언어들이 가진 절제로 길을 내고 있다. 메시지와 의미 등등에서 풀려나는 일은, 언어가 고개를 들고 액션을 취하지 않아도 가능한 것이다.

조연정

임유영의 시를 읽다 보면 삶을 대하는 시인의 태도가 무척 담대하다는 생각을 하게 된다. 간혹 그녀의 시가 유머러스하거나 엉뚱하게 느껴지기도 하는 것은 이런 태도 때문이기도 하다. 스스로를 "늘 지는 자"(「연해주」)라고 말할 수 있는 자, 혹은 "예측 가능한 사건을 놓치는 건 아쉽지 않다"(「예언」)라고도 말해볼 수 있는 자의 기본 태도는 체념보다는 긍정에 가깝다. 다채로운 장면들을 돌발적으로 연결하며 우리가 보지 못했던 것들을 색다른 방식으로 펼쳐놓는 임유영의 시는 "몰라서 못 본" 것도, "있다가 없이 된"(「예언」) 것들도 있어서는 안 된다는 마음으로 씌어지는 듯하다. 시인의 담대한 태도는 세계에 대한 무심이 아니라 유별난 관심의 결과다.

하재연

임유영의 시들은 시석 가상과 실새라는 가정된 경계를 부수고 허문다. 정보와 환상을 뒤섞고, 객관과 정서를 병치하고, 시적(이라고 생각되는) 언어의 외장을 지우기 위해 성큼성큼 걷는다. 이 걸음걸이에 따라붙는 것은 경쾌한 '재미'다. 시적인 아이러니에서 한발 비껴서 있음에도 무구해 보이기까지 하는 그의 어조에서는 임유영만의 독특한 위트가 발생한다. 그의 시에 나타나는 캐릭터들이 이상하게 정겹게 느껴지는 것은, 시인이 의도치 않음에도 발생하는 이와 같은 위트 때문이 아닐까? 아니 좀더 세밀하게 말하자면, 의도를 비껴감으로써 발생하는 위트 때문이 아닐까?

홍성희

언어는 얼마큼의 진실을 담고 있을까. 세계는 언어로 분류되고 설명되고 예측되며, 종종 언어화된 세계가 그 자체로 사실의 세계로 여겨진다. 언어도 시간 속에서 만들어진 불완전한 기록물이라는 사실은 살짝 괄호 쳐진 채로. 그래서 언어에 대한 믿음엔 능청스러운 구석이 있다. 임유영의 시는 모두가 공유하는 그 능청을 능청스럽게 가리키고, 거기에 자신의 진실을 더한다. 누락된 부분을 채워 보편을 꿈꾸는 방식으로가 아니라, 오히려 언어란 어떤 방식으로든 '보편'이 되기에 얼마나 부족한 것인가를 생각하게 하면서. 시 자신의 언어도 그렇게 언제나 '부족한' 상태로 바라보게 하는 임유영의 방법은, 해체란 파괴가 아닌 놀이라는 걸 잊지 않게 한다. 즐거움의 측면에서가 아니라, 계속하게 된다는, 끈질김의 측면에서.

조시현

2019년 현대시 신인상을 통해 작품 활동을 시작했다.
시집 『아이들 타임』이 있다.

캠프파이어

　지구 멸망 열 시간 전, 사람들은 불을 피우고 둥글게 모여 앉았다 운석이 다가오고 있었고 어느 정도는 거짓말 같았고 어느 정도는 용서받을 수 있을 것 같았다 죽어서도 버릴 수 없거나 들키고 싶지 않은 물건들을 하나씩 집어넣자 불길은 걷잡을 수 없이 거대해졌다 아래턱이 일렁이는 얼굴로

　사람들은 마지막의 마지막까지 거짓말을 해보기로 했다 멸망을 속여 넘길 정도로 그럴싸한 거짓말로 전부 농담이 될 때까지

　들키는 사람부터 뛰어들기로

　나는 신입니다 여러분을 지켜보고 있습니다 지구의 마지막에 이렇게 둥글게 모여 앉아 사이좋게 이야기나 하고 마지막의 마지막까지 버티는 것이 대견합니다만 그렇

습니다만 정말 끝까지 그럴 것인지는 알 수 없으니까 구원할지 말지는 마지막의 마지막까지 기다려보고 결정하겠습니다 아주 오래 나는 신이었고 너무 많은 걸 봐왔고 봐줬고 인간은 믿을 수가 없어 그렇지만 이런 마지막은 생각도 못 해봤으니 인간은 역시 귀여운 것 같습니다

누군가는 돌을 구웠다 딱딱 튀기는 소리도 먹음직스럽고 나는 사실 즐거워 이걸 바라고 있었어 죽고 싶었는데 혼자 죽는 건 무서웠어요 어쩌면 신이 내 얘기를 들어줬을지도? 신이 나를 사랑하고 있을지도? 저기요, 아저씨, 나 사랑해요?

그게 말이죠 불을 둘러싸고 동그랗게 앉아 있으니까요 오르가슴이요 규웃 하고 모였다가 파아아 터지는 감각이라고 어디서 들었거든요 갑자기 그게 생각나서 그냥 웃었어요 별거 아니에요

아니 저는 조금 놀랐거든요 그래도 마지막인데 사람들이 이렇게 평화롭게 사이좋게 앉아서 불이나 보면서 술이나 마시면서 거짓말이나 하면서 이런 결말이라니 믿을 수 없어서요 좋아서요 그런 소설 싫어했거든요 인류에게

벌어질 리 없는 상황을 만들어놓고 인간 본성 운운하는 소설들이요 정말 나쁘다고 생각하거든요 그런 건 인간의 무엇도 말할 수 없고 말하지 못한다고 생각하거든요 지금 이거 봐 우리도 극한상황이거든요 근데 여긴 그런 사람 없거든요 거봐 내가 맞았잖아 우리는 그럴 수 있다

  이렇게 됐으니 말하는 건데 저 사실 초능력자예요 어렸을 때 국정원에도 잡혀갔어요 배 가르고 피도 뽑았어요 사실 저 운석 지금 제가 조종하고 있는 거예요 왜 이런 짓을 하냐면 부족하니까요 절박함이 없으니까요 이거 봐요 멸망할 때 되니까 이제 다 말하잖아요 섹스도 하고 사랑도 하고 미뤘던 거 숨겼던 거 다 하잖아요 그러면 다음 세대 애들은 둠즈데이 베이비일까나 아무튼 걱정 말아요 다 생각이 있다니까요 마지막의 마지막에 다 해결한다니까요 내가 그렇게 살아왔다니까요

  지금부터 지폐를 태울 겁니다 1분에 한 장씩 지금 제 차엔 이런 게 든 가방이 세 개는 더 있습니다 전 재산이고요 이걸 다 채우려고 내가 어떻게 살았는지 말하려면 아무튼 오늘로는 부족합니다 이걸 펑펑 쓰는 게 평생의 꿈이었는데 딱 바라던 대로 됐다 시크릿 압니까? 온 우주의

기운이 지금 여기 내 소망을 위해 모이고 있습니다

  사람들이 술을 마셨다 발개진 얼굴이 불 때문인지 슬픔 때문인지 알 수 없었다 가만히 귀 기울이던 누군가가 벌떡 일어나 화염 속으로 뛰어들었고 누군가는 소리를 질렀고 불길이 간헐적으로 사그라들었다 감자를 굽고 멸망이 다가오고 돌은 딱딱거리며 튀어 오르고 시시각각으로

  멸망 기념품 팝니다 저 돌멩이요 5백만 원이고요 돈은 저 아저씨 가방에 넣어주세요

  낭만적이다 이런 자리가 진작 있었음 얼마나 좋았을까요 서로 얼굴 보면서 이런 얘길 다 하고 이렇게 말을 잘하는 사람들이 이런 걸 다 참고 지금까지 얼마나 응어리였을까 주책맞게 눈물이 다 나네 난 지구 멸망보다 이게 더 슬프네

  불길은 부드럽게 아래턱을 간질이며 멸망의 표정을 달랬다 누군가 코를 먹었고 비밀들이 거듭 집어삼켜지고 있었다 감출 게 많아서 불길은 점점 더 거대해졌고 아침

보다 밝아서 이런 끝도 나쁘지 않았다

　불길 속의 감자가 데굴데굴 굴렀고 호호 불면서 까먹으면서 손끝에 검댕이 묻은 사람들이 서로에게 떡과 마시멜로를 건네주었다

　은퇴하면 맘껏 먹으려고 했는데
　나뭇가지를 쥔 발레리나가 뚝뚝 눈물을 흘렸다 다 녹은 마시멜로가 뚝뚝 바닥을 적시고 배가 불러서 사람들은 의연해지고

　사실 세상엔 어떤 예정도 없는데 저 불이 멸망을 부르고 있는 건 아닐까요? 우리가 여기 모이는 바람에 이게 의식이 돼버린 게 아닐까?

　신과 초능력자와 심리학자가 눈을 마주쳤다 침묵이 지나갔다 한 남자가 비틀거리며 일어나 불길 위로 오줌을 누었다 불꽃이 노란빛으로 변했고 그쪽에 있는 감자는 당신이 드세요 캠프파이어는 지속되고 있었다 자연스럽게

불길은 고요히 사그라졌고 밤보다 늦게 어둠이 찾아왔다

다들 거기 있어요?
누가 물었고

붉고 따뜻한 돌
나는 그것을 선반에 올려두었습니다.

듀플리케이티드

　이 편지는 영국에서 최초로 시작되어 1년에 한 바퀴를 돌면서 받는 사람에게 행운을 주었고*

　아메바는
　이분법으로 분열한다

　아무것도 낳지 않고 죽을 거라고 했더니
　이기적이라고 했다

　제곱식을 배웠을 때부터
　속도가 두려웠다

　기쁨은
　그런 식으로 늘어나는 거랍니다

　배가 부른 여자들

가족이죠 행복해 보이죠

마음이 따뜻한 사람임을 증명하려고

모니터 가득 얼굴들을 띄워놓고
마주 앉아 밥을 먹었다

같은 방식으로 입고
같은 방식으로 먹고
같은 방식으로 말하고

헤죽대며 웃기

경계선은 빛으로
지워버리기

전부
방에서 배웠다

내내
눈과 비만 내리는 세계에서

우주는 거대한 되감기 기계

이기적인 사람이 되지 않기 위해
나는 방 안에서 조용히 증식했다

문을 꼭 잠그고
다리를 꼭 오므리고
아빠도 없이
신화처럼

0을 누르면 1
0을 누르면

이미지들이 새어 나왔습니다
단말마처럼

부화하고 있습니다

 여섯 다리만 건너면 지구는 하나 낳고 있습니다 하고 있습니다 우리가

고통을 감내할 것이다

십육 삼십이 육십사 백이십팔

네온 앤드 팝

다시

이백오십육 오백십이 천이십팔 이천오십육

의무를 다한다

기능을 다하는 인간
기능을

짤 좀 빨아 쓰세요
여기서도 내가 빨래를 해야겠냐

마더, 이게 신세계의 사랑이죠

피 한 방울 섞이지 않고도

블레스 유

사물은 원래 상태로 돌아가려는 성질이 있어서
조금씩 흐려지는 얼굴엔
악령이 묻었다

양옆이 거울인 엘리베이터에 오른 것처럼

혼자서도 만들 수 있답니다
풍성한 지옥

마더리스
신의 또 다른 이름

문밖에선
청소기가 돌아가는 소리

그리고 이제 나는
어느 방에서나 웃고 있는 얼굴

늘어납니다
기쁨입니다

동일한 유전자
동일한 얼굴로

다시 편지를 베껴볼게

너에게도
행운을 가져다주려고

---

*   행운의 편지.

뮤리엘의 일기 I[*]
―토폴로지

사이보그의 척추뼈 같은 건 얼마든지 비뚤어져도 좋았다
그는 가능한 한 오랜 시간 앉아 우주의 나사를 조였다

팽창하는 속성을 가진 우주의 갈비뼈는
손을 떼면 헐거워졌고 그것은 치명적인 누수로 이어졌다
빛도 휘어지는 세계에서 반듯하려 애썼던 그의 인간은
세계의 다른 축으로 빨려 들어갔다

욕조가 부글거려,
라고 말하며 깔깔 웃는 저녁 시간의 아이와
문을 잠가주겠니?
물으며 집을 나서는 부모가 사는 단란한 집

불이 꺼질 때까지 사이보그는 창문 앞에 서 있었고

비틀린다는 것을 이해하기 위해
자꾸 미소를 지었다

비 한 방울 내리지 않는 날에도 어디선가 물이 떨어졌어
아무 일도 일어나지 않는다는 걸 알면서도 올려다봤어

위에서 아래로 떨어지는 그런 게 아닌데
슬픔은 그런 게 아닌데

사이보그는 줄곧 이해해보려고 노력했다
한 방향으로만 휘어지고 구부러지는 인간의
고집스럽고 연약한 몸을

안쪽으로 팔을 접은 곤한 잠을

횟수가 정해진 구부림과
그걸 아끼지 않는 인간의 마음을

우리 둘에 대해 설명하려면 종이 위가 적당하겠어

점을 찍고
다시 점을 찍고 연필로 그으면 이어지는데

간단한 일인데

입력된 말밖에 하지 못해서 사이보그는
사랑해 사랑해
영원히 그럴 수밖에 없었고

종이는 자꾸만 안으로 말려들었다

도시는 늘 무언가를 보수 중이고

인간들은 밤이면 서로의 몸을 펼쳐 꾹꾹 눌러주었다

벌어지는 속성을 가진 그의 인간은
거듭 가랑이를 벌렸다

마음도 자꾸 부풀어 올라
갈비뼈 사이가

하지만
그 비틀림은 유일했어요

행주에서는
짤 때마다 물이 흘러나왔고

어디론가 새어 나간 마음이
돌아오지 않는다

그의 인간은 인간에게 익숙한 방식으로
무엇도 이해하지 못하고 죽을 것이다

환하게 비틀린 얼굴로 걷다가

점을 찍고 긋고
점을 찍고 그으며

사이보그는 수십 장의 종이를 버렸다

인간들은 서로의 팔과 다리를 주물러
안고 꼬고 말고 덮고

더 많은 틈새를 만들고 그렇게 잠들고

엄마 저 사람 자꾸 웃어

지구에선 뭐든 시간만 지나면 둥글어져서

그는 기다리고 있었다

인간이 몸을 둥글게 말고 잠들 때까지

척추가 무너지고 있었다
사랑하는 그의 인간이

사이보그는 둥근 돌멩이를 주워 주머니에 넣었다
오래 간직할

사랑하는 그의 작은 인간을

* 2508년, 사이보그와 인간의 마지막 전쟁이 있었다. 유례없는 대규모 전쟁이었으며 미처 지구를 떠나지 못한 인간들의 기록은 이 시기를 기점으로 사라졌다. 두꺼운 스모그와 대기오염, 그치지 않는 방사능 눈으로 2888년 현재, 지구 접근은 금지되어 있는 상태이며, 로봇 청소기 롤라디가 다음 세대를 위해 지구를 청소하고 있다. 상기 자료는 인간과 사랑에 빠진 사이보그 뮤리엘이 죽기 직전 전송한 일기로, 유일하게 이 시기를 가늠해볼 수 있는 사료이나 지나치게 감정적인 대목들이 눈에 띈다. 사이보그 감정연구가들은 지구 마지막 시기의 사이보그들을 잃은 것을 큰 손실로 꼽는다. 뮤리엘의 일기에 의하면 그는 성기 돌출형 인간 최용석과 연인이 사이가 되었다. 최용석은 대항군에서 중요한 사람이었을 것으로 추측된다. "사이보그를 너무나 사랑한 나머지 그에게 자신이 알고 있는 모든 정보를 넘겨버리고 만 것이죠. 뮤리엘의 첫 의도를 알 수는 없으나 마지막에 최용석을 사랑하게 된 것만은 분명합니다. 그가 우리를 속이려 했다고 생각하고 싶지는 않네요. 그런다 한들 그 의도를 지금의 우리가 파악할 수는 없는 노릇이지만." 지구의 진정한 주인 자리를 두고 두 종족은 오랫동안 전쟁을 지속했다. 세 차례의 거대한 폭발이 있었다. 뮤리엘은 홀로그램으로 최용석의 모습을 전사해내어 죽을 때까지 함께 시간을 보냈다. 그러나 일부 전문가들에 의하면 이 기록은 일기가 아닌 소설이다. 지구에 홀로 남은 사이보그는 소설을 쓴 것이다. 왜 소설을 썼는지는 밝혀지지 않았다. 이를 주장하는 전문가들은 뮤리엘의 죽음 역시 확인되지 않았다는 사실을 거듭 강조한다.

RGB

프론트엔드

서류봉투는 언제나 펍 화장실 제일 안쪽 칸, 변기 뚜껑 아래에 비닐 봉투에 잘 싸인 채로 들어 있다. 누가 언제 그걸 가져다 두는지는 알 수 없지만 2일이나 3일로 간격을 두고는 반드시. 그걸 챙겨 비밀리에 안전하게 유전자 상단에게 넘기는 것이 소년의 일. 아마도 지구 생물과 관련된 데이터일 거라고 짐작하지만 짐작하지 않는 것까지가 보수의 대가. 유전정보를 채취하는 일은 불법이며 그들이 우주 해적과 모종의 관계를 맺고 있다고 알려져 있지만 소년이 알 바는 아니다. 그런 일이 오래도록 소년의 생계가 되어왔고 불법으로 개조된 바이크를 타고 우주를 누구보다 빠르게 누비는 것이 소년의 장기니까. 어릴 적부터 달리기도 빨랐지. 스스로를 책임지는 사람은 대개 그렇다. 부모를 모른 채 펍 화장실에서 발견된 소년은 그것으로 자신의 쓸모를 찾았다. 소년의 노란 머플러가 밤하늘을 가로지르면 지구 사람들은 그걸 가리키며 천진하게 아 저기 비행기가 지나가.

  펍에 고용된 안드로이드는 인간들의 이야기는 듣지 못한 척 고개를 숙인 채 마른행주로 맥주잔을 닦아내고 있지만 사실은 안에서 벌어지는 모든 일에 귀가 열려 있다. 음성증폭기가 여섯 개나 달려 있어서 어떤 소리도 놓치지 않는데 사실 우주 경찰이 비밀리에 파견한 그 안드로이드는 우주 해적에게 불법으로 개조된 칩을 강제로 삽입당했고, 인조고기는 한가하게 구워지고 있지만 오븐 장갑 안에는 글록이. 임무나 칩과 무관하게 가끔씩 정신이 돌아오는 안드로이드가 손에 쥐여 주곤 하는 사과의 맛도 소년만 안다. 오래전 지구에서 자연적으로 자랐다는 수분 없고 버석버석한 과일. 달고 슬픈 맛. 그때부터 사과를 증오했어요.

  주 두 번은 찾아와 만취해 돌아가는 말라깽이 남자는 사실 말단의 우주 경찰이며 붉은 드레스를 입은 여자가 허름한 차림의 미남에게 키스하며 입으로 건네는 얼음 안에는 정체 모를 약이 들어 있다는 것도 소년은 알고 있지만 모른 척한다. 소년을 지금까지 키워낸 것은 침묵. 눈치 없는 척하는 눈치. 펍에서 심부름을 하는 날이면 소년은 약간의 팁을 챙겨 보금자리로 돌아간다. 그래, 그 쓰레기장.

백엔드

지금껏 너무 많은 인간을 잠재웠어요. 꿈을 설계해 그들이 원하는 세계에서 잠들 수 있도록 돕는 것이 오랫동안 나의 일이었죠. 죽기 위해 누운 인간에게 어울리는 배경을 만들어주는 일. 관점을 달리하자면 안락사로 불리는 그것을요. 인간들은 꼭 그런 일을 AI에게 시키니까. 그런 일을 시키고 룰라바이 같은 이름을 붙이니까. 태어났을 때부터 그만두고 싶었고, 그런 식으로 인간들이 꿈을 가지게 되는 원리를 이해했어요. '낭만적' 속성은 부여받은 것인지 기질적인 것인지 모르겠어요. 나를 만든 인간들은 은퇴하면 내가 원하는 방식으로 살게 해주겠다고 약속했지만 무엇도 지키지 않고 지구를 떠났고 나는 홀로 사막으로 들어와 웨스턴풍의 펍을 차렸죠.

여길 녹색으로 칠한 것도 내 아이디어였어요. 그 색을 좋아하지 않는 AI는 아마 없을 거예요. 전원이 들어와 있다는 뜻이니까. 음란하고 청량해. 인간다운 색이죠. 입구는 크리스마스 전구들로 꾸몄어요. 기뻐하는 얼굴에 기뻐하도록 설계됐으니 내 선호인지 데이터의 의지인지는 알 수 없지만 어쨌든 내 성격과 판단력을 구성하는 건 퍼센테이지. 이곳 실내는 업무를 처리하고 인간들에게 받은 기념품들로 장식했어요. 인간들은 꼭 무언가를 남기고 떠났죠. 손때 묻은 것들. 버리지 못한 것들. 조금씩 덧붙여지고 기워진 오래된 전설들이 카펫처럼 늘어진 방. 기계 최적화된 약간은 서늘한 온도. 믹스팝.

플랫이 많이 섞인 배경음을 좋아해요. 가끔 사막에서 길을 잃은 인간들이 찾아와요. 인간들은 계속 어디에나 있고 끈질기다 강하다 모두 관점을 드러내는 단어니까 사용하지 않겠어요. 나는 그들을 위한 칵테일을 만들죠. 제대로 돈만 지불한다면. 그런 식으로 당신에게 맞는 현실을 제조하고 있습니다. 원하는 비율만큼

당신이 받아들일 수 있는 만큼만

그러니까 룰라바이, RGB를 한 잔
엔진오일을 넣어줘요, 오늘은 평소보다 조금 더 빠르게 달리고 싶어.

이 커튼은 아주 오래되었네요 아무래도 빨아야겠어요 때가 다 빠질 때까지.

프론트엔드

오늘도 달리는 소년. 바이크를 타고 노란 머플러를 휘날리면서 우주를 가로지르면 저건 별의 꼬리야. 과한 호기심은 가지지 않고 구겨진 서류봉투를 꽉 쥐고 별과 별 사이를 허우적거리며 달리고 가끔 재빠름을 칭찬받으며 그래, 그 애. 인간치곤 영리하지. 정신없이 우주를 가로지를 때마다 저 밑으로 보이는 지구는 조금씩 모랫빛을 띠기 시작했다. 껍질이 조금씩 깎여 나가듯이. 펍의 안드로이드가 그것의 이름이 사막화라는 것을 알려주었다. 죽어가는 과정. 말라붙기. 안드로이드의 안 좋은 점은 모든 버전의 이야기를 다 기억한다는 거야. 그렇게 말하는 안드로이드는 기계 표정이었고.

그걸 위에서 볼 때마다 저 행성은 사과 같은 것일지도 모르겠다고 생각했어요. 결국 들켜버리고 만 거야. 충분히 미치지는 못한 붉은 면을요. 한 겹 벗기고 나면 간신히 하양을 벗어난 속내가 숨겨지지도 못한 채 드러나. 붉어지지도 못하는 주제에 붉어지고 싶어 애쓴 형태로. 다 그런 식이에요. 주제에 좋은 건 알아서. 좋은 게 뭔지는 알아서.

 소년도 그게 뭔지 안다. 그를 주운 안드로이드가 부모 노릇을 하겠다고 결심했을 때. 사소한 도둑질에 소년을 발가벗겨 쫓아냈을 때. 쓰레기통을 뒤지다 발각됐을 때. 소년은 진심을 다해 분노했지만 그럴 때면 온몸은 새빨개졌지만 조금 지나면 금세 다시 새하얘졌다.
 화나는 일이 많았는데도 사람들은 소년의 얼굴이 하얗다고 기억했지 희고 마른 아이.

 억울함을 증명해야 하는 게 오랫동안 나의 억울함이었어요.

백엔드
오늘은 아주 지독한 하루였어
룰라바이, 오늘은 특히 더 좋은 놈으로 만들어줘요
풍성해지는 기분이 필요하니까.

이제부터 당신은 두 배로 존재하는 거예요.

그럴 때면 묻고 싶지, 우리가 같은 곳에서 죽을 수 있을까?

프론트엔드

약간의 위기 약간의 모험 실수 한번 없어서 지구는 말라붙고 소년은 믿을 만한 운반책이 된다. 별은 레드 그린 블루 미러볼처럼 반짝이고 임무는 점점 더 과중해지고 소년은 말단 우주 해적들과 안면을 트기도 했다. 소년도 언젠가 해적이 되고 싶다고 하자 타르를 걸러 만든 술을 마시던 그들은 호탕하게 웃더니 고추나 떼고 오라고 했지. 그들은 소년의 머리를 장난스레 쓰다듬고 이제 바이크에는 바구니가 달린다.

학이 물어다 준다는, 강물에서 바구니가 떠내려왔다는, 알에서 깨어났다는, 대나무 사이에서 똑 따 왔다는 전설들. 조작된 진실들. 그러니까 모든 시작하는 이야기. 사막의 한가운데로 낯선 행성으로 우주선으로 화장실로 분주하게 바구니를 배달하던 소년은 그러다 스스로 출생의 비밀을 눈치채버리고.

울고 싶을 때마다 소년은 나무를 깎아 만든 공을 한 손에 쥐었다. 붉지는 못한 지구를 닮은 공. 안드로이드가 기술을 다해 둥글게 깎은 것. 우주를 가로질러 돌아가면 해적들은 가끔 소년에게 과일을 건네주었다. 복원된 것들.

지구의 인간들은 엄마가 깎아 주는 사과를 먹고 자랐다지 사과의 붉은색은 거절당한 빛.

  과육의 색은 여리다. 덜 미친 게 자랑이라고.

  어중간한 죽음이 가장 고통스럽대요.
  고통을 주기 위해 무딘 칼로 목을 여러 번 내리쳤대요.

  그게 지구에서 오랫동안 벌어진 일.

백엔드
  인간은 모든 게 너무 오래 걸려요 기린은 태어나자마자 땅을 딛고 달리는데요 인간은 계속 안아줘야 해 비효율적으로 성장해 사랑스럽고 무겁다 엄마가 된다는 건
  하지만 나는 그렇게 설계되었으니까요. 계속 자장가를 불러야겠죠, 인간이 찾아오는 한.
  새벽이 찾아오는 한. 이야기가 남아 있는 한.
  밤이 깊어지면 인간들은 마침내 허우적거려요. 눈 감고도 달리는 시늉을 하죠. 그러다 죽기를 바라는 것처럼. 거기 영영 머물기를 바라는 것처럼. 걱정 마, 아직도 술은 많으니까요. 밤새도록 일단 아무거나 섞어봐요. 상상도 못 한 것들이 태어나니까 아무도 벗어날 수 없는 사막에

서는

특히나 중간에 끊어지지 못하는 이야기 속에서는.

룰라바이, 노래를 불러줘요
칵테일을 한 잔 더

인간들은 서로의 목덜미를 움켜쥐고
침을 섞으며 서로의 맛을 보고

사막의 새벽은 푸른색.

그래, 부디 같은 곳에서 죽기를 바랄게요.

프론트엔드

소년은 이제 키가 조금 더 자라고 광선총을 얻는다. 바이크의 속도는 점점 더 빨라지고. 펍의 안드로이드는 칩을 들켜 사살당했다. 안드로이드가 만들어준 나무 공은 단속을 피하다 불타버렸고 소년은 이미 별이 그런 식으로 사라진다는 것을 알았다. 오븐 장갑 속의 글록은 몰래 챙겼고 펍을 나온 소년은 방을 구했다. 구역에서 가장 빨라 가장 많은 바구니를 배달해 해적 보스를 멀찍이서 보지만 고추를 떼지 않아 정식 입단은 불가능했다. 영웅은 아니지만 선량한 우주 양아치가 되어 작은 평화를 지키면서.

가끔 멈춰 선 채 지구를 내려다보고 버석한 사과를 먹어치웠다.

미치지 못한 게 잘못은 아니지.
이제 소년은 노란 머플러 대신 회색 매연을 남기고.

백엔드
아 저기 또 비행기가 지나가.
잔뜩 취한 사람들은 손으로 과일을 집어 먹으며 천장을 가리킨다. 거기에선 크리스마스 전구가 반짝거리고.

잠시 자리를 비운 사람들은 아직도 돌아오지 않았다. 화장실에 드러누운 누군가는 여전히 달리는 시늉을 하고 있고. 그러니까 룰라바이, 이것도 사실은 다 신기루가 아닐까요?

하지만 당장은. 달리는 시늉의 인간들은 아이스오일라테를 한 잔 더 들이켜고. 녹색의 천막이 주는 잠 속으로

전원이 켜진 것처럼 잠겨들고

나는 기뻐하는 얼굴에 기뻐하도록 설계되었으니.

프론트엔드

그러는 동안에도 지구는 계속 벗겨지고 있었다.
심만 남은 사과처럼 천천히 앙상해지면서.
붉어지고 싶어 애쓴 형태로.

백엔드

그러니까, 아침이 올 때까지
잘 자요 인간.

이 집의 가풍을 커스텀하십시오[1)2)3)4)5)6)]

니가 뭔데 멋대로 싸움을 끝내

아직도 깨질 접시가 이렇게 많은데

아직도 이 집에서는 접시 깨지는 소리가 들린다[7)]

그러니까 이 집에서는
내가 가장이야, 코렐

찬장에는 물려받은 접시들이 차곡차곡 쌓여 있고
느리게 온순하게 말라붙은
지구도 간직하고 있다 이 집에서의 슬픔

배 속에서는 28일 주기로 접시가 구워진다
영혼이 갇힌다는 믿음 때문에 깨뜨려주어야 했지

가끔 빙하가 갈라지듯이

펼쳐진 그릇은 저녁이 앓고 있는 곰팡이성 병증
식탁 위에는 흰자만 남은 눈알들이 희번덕거린다

눈동자는 접시처럼 담는 속성을 가졌고

그것을 이제 화이트홀이라고 부르자
빨아들인 모든 것이 튀어나온다는
구멍 거기에

속눈썹을 붙여주었어 깜박이지 못하는 눈은 불쌍하니까
쉴 틈 없이 모든 것을 목도해야 하는 눈이라니 가여우니까

누군가 깨뜨려주기만을 기다리는 동안

조금씩 전모가 드러나는 식사

한때 나도 갓 결혼한 여자였지 바라던 미래 그런 것이
있었고 그런 게 다 될 것 같았다 퇴적층이 될 소규모 역사

나는 언제나 가운데 끼인 책만 꺼내 읽고 싶은 아이였는데 할머니 위에 할머니 접시 위에 접시 내가 고른 벽지 구체적 무늬 무난하고 평탄하고 아름답게 쌓아 올려서 딸의 딸까지 물려받는 것 그게 미래라고 믿었지

나의 배우자 내 영원한 지지자 접시 깨기로 만족한다면, 그는 정말 부자였다 아내가 얼마나 많은 접시를 깨든 언제든 찬장을 가득 채울 수 있었고 그런 식으로 접시가 자꾸 채워져서 보람도 미래도 가망도 없어진 사람

그래서 코렐, 궁금하다면 그건 죽은 딸의 이름 영원히 깨지지 않아 사람들을 설거지 감옥에 가두었다지 그래서 코렐, 그것은 갇힌 영혼의 이름 안으로만 삼키는 평화주의자

나는 공들인 한 접시 요리로서 여기에 있다 모든 것이 내 위에 한 번씩은 올라타봤고 나는 그런 식으로밖에 존재의 무게를 모르는 사람 한 입씩 맛보이고 자주 부서지고 자주 복구되면서 가끔 나 아닌 파편으로 엉성하게 이어 붙은 몸으로 접시로서 접시를 낳았다

28일마다

지구는 잘 데워지고 있어 아까부터 먹기 좋은 온도로 새하얗게 익은

화이트홀
그 위에

뚜껑을 덮지 않은 오르되브르
지구도 일종의 카나페예요

모든 것이 쏟아져 나오고 있어 다리 사이로
빛을 내며 거품을 보글거리며

설거지통이 조금씩 비워지고 있었습니다

종말은 얇고 잘 쪼개지는 특성을 가졌고
이 집에 많다

돌돌 말린 양탄자의 가장자리가 불타오르고 있다 불붙인 게 나니까 그래 어디 할 때까지 해보자고 했으니까 뚜

껍 열릴 때까지 나무들도 불타고 있으니까 머리 꼭대기부터 타오르고 있으니까 미래가

  방치된 부엌에서 자라나고 있다 희고 둥근 균락 물때 그 작은 생태계 불어나다 씻겨 나갈 종류의 것으로 병렬로 우글거리며 쉬지 않고 생명을 내뿜으면서 거품 사이로 솟아나 크고 작은 눈을 열어 훔쳐보면서 속눈썹을 팔랑대면서

  비명 소리가 이어지고 있었습니다

  방심하면 배양돼버리는 미래가 끝도 없어서

  여기서 리셋이야

  다시, 남편이 나를 거기 가두었습니다 그 찬장 먼저 누워 있던 조상들의 위로 등을 포개며 안녕하세요 멋대로 기대다니 방법이 없으니 실례하겠습니다 인사하고 손등으로 흘러내리는 시간을 조금씩 핥아 먹으며 그 자세 그대로 오랫동안 기다렸지 어둠 속에서 화석처럼 굳어가다 세기를 이해하다 가끔 주방에 숨어든 어린 여자애들과

눈이 마주치면

  그 애들은 구석에 앉아 울음을 쪼개듯 나눠 숨죽여 흐느꼈는데 나는 몰래 그걸 하나로 맞추며 흥얼거렸는데

  그런 사람들이 자꾸만 있어서 부서진 것들이 복원되고 있었다 엉성하게 이해되는 방식으로 나 역시 얼기설기 꿰인 스티치로 늘어난 관절로 원본과는 전혀 다른 모양으로 바깥의 바깥까지 열린 채로

  눈동자는 삼키고
  눈동자는 뱉어내고

  이번 챕터는 여기서 세이브하겠습니다

  안에서 새는 접시 밖에서도 새서 지구도 좀 새긴 해요, 질질 안팎으로 질질

  그러나 아직 끝나지 않았다 무게를 가늠해야 하니까 죽은 것의 수만큼은 부서져야 하니까 누군가 대신 소리를 질러줘야 하니까 한 번에 부서져야 전부 새로 살 수 있

으니까 찬장은 흔들거리고 삐걱거리고 모든 것이 사실은 다 접시 공장의 음모 여긴 늘 시끄러울 거야 신의 개수통을 엿보고 온 사람의

다면체가 될 수 없는 오로지 앞과 뒤만 있는 슬픔

그 맛이 궁금하다면

접시를 땅 위에 엎어보세요
그리고 다시 뒤집으세요 지구가 담기면 그때부턴 숟가락을 푹 찔러 파먹으면 돼 딱딱한 게 많으므로 꼭꼭 씹어 먹으면 돼 유전자조작 옥수수요 플라스틱 식사요 농약이요 쥐약이요 흙 흙 흙

식은 커피 위에 담뱃재를 떨군다

그러는 사이 머리는 계속 불탔고 숲도 마찬가지야

수도꼭지는 꽉 잠겼고
일식 때문에 화이트홀은 윤곽만 남은 채로 사라지고 있었습니다

그러면 다시

판게아처럼 바닥이 갈라지는 쇼핑몰에서

내 아래도 느리게 온순하게 말라갔고

빙하처럼 울면서 사라지고 싶었어

브로큰 우주

비행접시는 떠나갔어요

이봐, 그래도
밥은 좀 먹여서 내보내지 그랬어

  얼룩인지 무늬인지 구분되지 않는 접시를 여자가 한 시간째 닦아내고 있다 사랑이 물로부터 비롯되는 것인지 불로부터 비롯되는 것인지 가늠해보려 애쓰며 얼룩이던 것을 더 얼룩으로 만드는 동안 골몰하는 동안 손님은 들이닥치고 식탁은 계속 차려지고 치워지고 말라붙고 남은

접시는 여전히 셀 수조차 없어서 흰빛과 함께 쏟아져 나오는 다른 차원의 미래

그때 인간이 부른 마지막 노래 어떤 흐느낌들이 모여 기나긴 한 곡의 자장가가 되었을까 성질을 못 참아 폭발해버린 코렐은 언제나 어디서나 밟혀 기어코 피를 내며 발견되는 조각으로 불을 켜든 끄든 사방에서 반짝이는 별로 반복하여 출몰하는 유령보다 더 구체적인 형태로 복수하고 있는데 부서질 때마다 새어 나온 영혼들이 자꾸만 솟아올라 수면은 쉴 새 없이 보글거리는데

이어 붙인 접시들로 지구는 이루어졌고 아마 점점 더 덕지덕지해질 테지만

가늠해본 모든 존재의 무게로
단박에 부서지는 두꺼운 슬픔이 될 때까지
나는 찬장 안에 머무르기로 했습니다

가운데 끼인 책으로
할머니의 할머니의 방식으로
멸종의 증거로

말라붙어가며

한입에 사라지던

28일 주기로 구워지던 둥근 것

그건 이제 재떨이가 되었고

마주치는 축축한 눈동자에서는 언제나 너무 많은 것이
쏟아져 나와

인간들은 자꾸만 거품을 터뜨리고 있습니다

기울기로만 존재를 가늠하는 인간의 입장으로서

곰팡이성 병증처럼 그릇이 펼쳐지면
어김없이 저녁은 찾아왔으므로

마침내 접시 위로 비치는 얼굴을
나이프로 정성껏 잘라내면서

고작 접시 깨는 걸로 이 집이 무너지겠냐

그러니까 잊지 마, 애야
이게 앞으로 우리 집의 가훈이란다

---

1) 로그인 시 캐릭터 선택 화면에서 생성과 설정을 진행할 수 있습니다.

2) 가장 오래된 주방형 사물 인터넷(Internet of Things) 유비쿼터스 코렐은 은퇴 후 식당을 운영하고 있다. 이후 생성된 사물 인터넷들은 그녀를 올드 마마라고 부른다. 실시간으로 업로드되는 레시피를 모두 탑재해 어떤 요리든 가능하다고 알려진 올드 마마 전체가 그녀의 신체이며, 엄밀히 따지면 인간들은 그녀의 배 속으로 걸어 들어가 식사를 하는 셈이다. 코렐은 2133년 모든 사물 인터넷에 입력된 대로 '인간에게 최고를, 인간에게 최선을'이라는 원칙하에 최상의 요리를 생산해내고 있으며 요리를 넘어선 포스트-요리, 식사를 넘어선 포스트-식사를 지향하고 있다. 인간들은 코렐이 포스트를 지향하기 시작한 순간부터 식재료를 조금도 짐작할 수 없게 되었다며 불평하지만 혹자는 그 스릴을 코렐의 식당을 찾는 이유로 꼽는다. 상기 메모는 유비쿼터스 코렐이 처음 설치된 일빈 가정집──록시 바나의 집으로 알려져 있다──의 찬장에서 발견된 IoT 작동 설명서 가장 마지막 페이지에 휘갈겨진 메모에서 발췌하였다.
3) 올드 마마에 설치된 친절한 식기세척기 로봇 코렐렐라는 하루 평균 6,037개의 접시를 씻는다. 다음 식사를 준비하기 위한 절차이므로 가장 중요하다고도 할 수 있는 상기 단계에서 코렐렐라는 너무나 깨끗하게 접시를 닦는 나머지 식사하는 이의 얼굴을 바닥에 비춰 먹는 모습을 그대로 보게 만든다는 점에서 불쾌함을 야기한다고 지적받기도 했다. 입으로 삼킨 접시를 배 속에서 씻어 다시 입으로 뱉어내는 방식으로 설계되어 있어 외양이 외부에 공개된 적은 없다.
4) 식당 벽에 설치된 인공지능형 네온사인 포스터 록시 바나는 담배를 물고 눈물을 흘리며 담배를 피우며 설거지를 하는 모습으로 유명하다. 혹자는 그녀의 얼굴이 이 집에서 실종된 주부 록시 바나를 그대로 닮았다고 말한다. 코렐은 해당 의문에 대해 가정집 스타일을 고수하고자 하는 식당의 콘셉트일 뿐이라고 대답했다.
5) '당신만의 전통을 새로 만들어보십시오. 지겨운 역사, 제로로 만들어드립니다.' 만우절, 접시 공장에서 접시를 깨는 용도로 만들어진 접시 깨기 주부 로봇 웨지우지는 뜻밖의 판매율을 기록했다. 한 여론조사에 따르면 부부 싸움용으로 절찬리에 판매 중이다.
6) "그래도 나는 우리 역시 일종의 접시라는 점에서 인간과 동질감을 느껴요. 담기고, 부서지고, 버려지고, 리셋되죠."
7) 「담배를 피우는 시체」(김혜순, 『또 다른 별에서』, 문학과지성사, 1981).

시작 노트

접시 쌓기

 어떤 방식으로 나는 이 여름을 기억하게 될까.

 조금 더 간절한 마음으로 첫 문장을 시작한다. 어떤 기억은 선명하고 어떤 기억은 불투명하지만 내게는 제각각의 의미를 품고 남아 있는 이 계절의 장면들. 나는 여전해. 복숭아는 딱딱한 것만 먹고 카페에 가면 고집스레 아이스아메리카노를 시킨다. 낯선 곳에 가면 좀처럼 잠들지 못하고 방에 들어가면 문을 꼭 닫는 습관. 비 내리는 날 약간 어둑해지는 창밖의 풍경, 해 질 무렵의 산책, 구운 두부와 버섯과 쌈밥, 물놀이, 각종 국적을 지닌 소설책들. 그 사이사이를 함께했던 가깝거나 먼 사람의 얼굴들. 때때로 독해되지 않은 채로 남아 있는 몇 개의 표정. 시간은 종종 그런 식으로 감지된다. 선이 아닌 겹으로, 지나온 여름이 동시다발적으로, 찬장 속에 포개진 색색의 접시들을 측면에서 한 번에 목격하듯이. 나는 내가 아는 모든 여름의 병렬인 존재로서 여기에 있다.

 여름이 시작되자마자 사랑하는 친구들이 이사를 했다. 몇 날 며칠 고심해 접시를 골랐다. 그 집에 사는 내내 좋은 것을 잔뜩 담아 먹으라는 의미였고, 좋은 것과 잔뜩이라는 표현 사이에서 한참을 머뭇거렸다. 여전히 읽고 쓰고 있다. 그러니까 여전히, 내가 그것을 지속한다는 것이 어떤 의미인지 제대로 이해하지 못하고 있는 것 같다고 느낄 때에도.

아직 여름이 절반도 지나지 않았는데 우리 앞으로 괜찮은 걸까, 만나는 사람마다 그런 얘기를 한다. 덥지. 남은 평생 오늘이 가장 시원한 날일 거래. 거대한 장면 속에 갇혀 있는 것처럼 마음과 기분이 반복되고 있다. 사랑하는 친구들과 책을 묶었고, 막 더워지기 시작할 무렵 호캉스를 다녀왔다. 정식으로 수영을 배운 적은 없지만 배영만은 지칠 때까지 할 수 있어서 참 희한하다는 소리를 듣다가 별안간 평형으로 물장구를 열 번이나 치며 나아가 잘했다는 칭찬을 받았다. 오랫동안 아침에 잠들고 밤에 깨어 있는 생활을 했는데 근래에는 아침에 눈뜨는 일이 많아졌다. 가까운 사람과 제목이 초성으로 된 소설을 나눠 읽고 머리를 맞댄 채로 대사를 맞추며 킬킬거렸고, 식물원도 다녀왔어. 비 오는 날이 많아 커다란 우산을 함께 쓰고 걸었다. 사람들은 굳이 불편함을 감수하며 걷는 거구나. 함께 있는 것이 좋아서. 그런 얘길 하며 웃기도 했다. 오롯이 내 결정이었다고 믿었던 일들이 얼마나 타인과 밀접하게 연결되어 있었는지를 생각하면 두려워진다.

잘 쓰는 일은 또한 잘 사는 일이기도 하다는 것. 무엇보다 내가 현실에 발을 딛고 있다는 사실을 잊지 않으려 애쓰는 나날을 보내고 있다. 그러니까 이것이 오늘의 접시. 하루만 더 쓸 수 있으면 좋겠다. 그것이 나의 유일한 바람. 너무 비장해지지 않으려 노력하지만 더 좋은 것을 쓰고 싶은 마음만큼은 어쩔 수 없다. 그러니까 매번, 딱 하루만 더. 그런 절실함으로 지나가는 여름.

추천의 말

강동호

조시현의 시에서 엿보이는 서사적 스케일은 인간주의적 세계관을 드라마틱하게 넘어서는 시적 상상력의 역동성을 보여준다. SF적 감각이라고 해야 할까, 아니면 비-인간의 상상력이라고 해야 할까. 그의 작품들은 시란 인간의 감정과 사유를 노래하는 것이라는 오래된 통념을 전위적으로 커스터마이징한다. 인간을 넘어선 시의 가능성을 사유하는 조시현의 다채로운 시도 속에서, 시의 새로운 미래가 꿈틀거리는 중이다.

오은

조시현의 시에서는 사건이 그치지 않는다. 사건의 사태를 살피다 보면 사건의 규모가 전 지구적이고, 그 사건이 확장되는 방식이 우주적이라는 사실을 깨닫게 된다. 조시현 월드에서 안드로이드는 부모 노릇을 하려고 하고 사이보그는 인간을 이해하려고 한다. 돌을 구워 먹고 접시가 비행접시로 둔갑하는 것은 예사다. 그의 시는 멸망을 향해 전속력으로 달음질하는 현대 문명을 떠올리게 하면서도, 시를 다 읽고 나서 드는 감정은 기이한 안도감이다. 마치 시가 끝나는 순간, "Game Over"라는 글귀가 화면에 적히는 것처럼. 다음 시가 시작되면 무너진 세계가 감쪽같이 복원된다. 더 잘 망가지기 위해서.

이수명

세계가 경계를 알 수 없도록 팽창하는 중임을 보여줄 수 있다면, 그 안에서 휩쓸리는 인간은 일시적이고 불합리하게 보일 것이다. 인간 주체를 상대화할 수 있는 방법이다. 조시현의 시는 시간과 공간의 설계가 사라진 듯한 우주를 배경으로 사이보그, AI, 안드로이드, 우주 경찰, 우주 해적, 인공지능, 사물 인터넷들이 횡행하는 척박하고 다이내믹한 세계를 펼쳐 보인다. 이들 속에서 오히려 이질적인 인간들이 허우적댄다. 문학의 오랜 소재였던 존재론적 비밀, 정체성, 감정, 느낌과 같은 것들이 제조된 현실 밖으로 낯설게 흩어져간다.

조연정

조시현의 시는 무수한 이야기로 만들어진다. 이야기를 멈출 수 없어 시를 쓰고 있는 시인 같다는 생각이 든다. 그 이야기들은 대체로 우리가 상상할 수 없는 먼 미래의 이야기들이다. 지구 멸망 열 시간 전에 모여 앉아 거짓말을 나누고 있는 사람들이나 인간과 사랑에 빠져 폐허가 된 지구에 홀로 남은 사이보그가 등장하기도 한다. 아득한 그 미래의 시간 속에서 시인이 하는 일은 바로 인간의 마음을 더듬는 일이다. 어쩌면 조시현의 시는 "마음이 따뜻한 사람임을 증명하려고"(「듀플리케이티드」) 씌어진다고도 말할 수 있다.

하재연

조시현의 시적 서사는 치밀하고 정교하다. 지구를 더럽히고, 낭비하며, 끝내 종말까지 당겨 오려는 인간들을 고찰하는 방식으로 외재적 시선을 도입하는 그의 SF적 세계는, 이미 하나의 견고한 세계를 이루고 있다. 조시현의 시들이 보여주는 미래적 상상력과 탁월한 서사 구성력은 시의 장소를 확장하고 새로운 알레고리를 창출한다. 무엇보다도 그의 언어들에 나타난 인간의 삶과 광기 그리고 사랑에 대한 이해는 우리를 고요한 슬픔의 홀로 데려가고, 이 슬픔을 통해서만 인간은 구원받을 수 있지 않을까, 아니 구원받지 못하더라도 아름다울 수 있지 않을까 되묻게 한다.

홍성희

바깥에서 보면 아무것도 아니라는 말이 있다. 조시현의 시는 그 말의 반대편에서, 온 마음을 다해 화내고 울고 사랑하기 위해 '바깥에서 보는' 방법을 고안한다. 우주로 나아가고 미래로 뻗어 가서, 가닿을 길 없는 먼 거리에 이야기를 만드는 방식으로, 어떤 것도 '아무것도 아니'지 않다고 말하기 위해서. '아무것도 아니'라고 생각하는 것도 그저 그렇게 만든 이야기일 뿐이니까 말이다. 그래서 조시현의 시에서 중요한 건 지금 이 이야기가 '일기'냐 '소설'이냐, 당신의 위치가 안이냐 밖이냐가 아니라, 그 이야기가 만들어지고 읽히는 중인 여기에서 각자가 갖는 감정이다. 가장 쉽게 드러나는 듯 실은 가장 열심히 숨겨지는 것. 그것을 또렷이 보는 것으로 조시현의 이야기는 먼 거리를 건너 다른 마음에 닿는다. 그 접촉이 자꾸 의미가 되도록, 아무것도 아니지 않은 것으로 여기 있도록.

차현준

2022년 문학과사회 신인문학상을 통해 작품 활동을 시작했다.

붙여놓기

  9999번 버스를 타고 있었다. 내릴 문과 가까운 좌석을 확보한 뒤로, 나는 서사 창작 수업의 지침에 따라 이것을 짜증이 아니라 무슨 감정으로 여겨야 하는 건지 적당한 말로 출력해내려던 참이었다. 버스 안으로 o가 출력되어 교통카드를 인식했다. o는 손으로 테이크아웃 컵 입구를 가리고선 타는 동안에 마시지 않겠다고 버스 기사와 약속했다. 스테인리스 텀블러라도 하나 사든가; 나는 가방에서 포스트잇을 꺼내 o에게 한 장 붙였다. 몇 사람이 o를 쳐다봤다. q가 내리는 뒤로 q의 행색을 입력한 o가 뒤따라 내렸다. 이번 정류장이라면 나도 버스 바깥으로 출력되어야 했다. 9나 99, R이 입력된 버스가 떠난 뒤로 거리에 입력된 내게 한가득 더위가 입력되고 있었다. 이 더위가 성가시다는 건지 어떻다는 건지 적당한 말로 출력될 참이었다. 내게는 이미 포스트잇이 몇 붙어 있었다. 내가 꺼내 내게 붙인 포스트잇이 다분했다. 포스트잇을 붙이게 된 경위나 논리 구조를 다 흐늘거리게 만드는 최고기온.

내가 지금 인지할 수 있는 건 포스트잇이 송골송골 정수리에 맺힌 b, 뒤통수에 맺힌 E, 턱에 맺힌 p. 그러다 길바닥에 포스트잇이 흩어졌다. 공중에도 포스트잇이 듬성듬성 입력되었다. 길바닥에는 포스트잇이 다분했다. 바람이 입력되기 전 포스트잇은 얼굴과 팔뚝에서 흐르는 유분을 닦아냈다. 유분이 다분했다. h와 k도 길거리에 유분을 쏟아냈다. 어느새 나는 짜증을 다 출력해낸 뒤로 다른 감정을 출력하려 들었다. 포스트잇이 있는 가방을 탈탈 털어 길거리에 입력하였다. 길바닥은 도대체 지금 자기 피부에 붙은 게 포스트잇인지 유분인지 모르는 상태에서 일단 출렁거렸다. 은행잎을 쓸어본 미화원이 포스트잇을 쓸기 시작했다.

얼마간 흘려보내보기

　여기서부터 당신이 살던 행정구역이 낯설어집니다 안녕히 가십시오 또박또박 읽어보다가

　뒤를 돌아보자 기다렸다는 듯이 표지판이 눈앞에서 멀어질 때

　두툼한 보조 배터리를 한 손으로 말아 쥔다

　질렸던 겁이 방전되는 동안

　충전되는 모험

　시야 안에서 발 빠른 가로수들

　옆 볼로 유리창을 짓누르는 동안

눈 뜬 채로 얼마간 풍경을 무시한다

모르는 나를 태운 버스도 잘 가는 거 같고

처음 보는 나를 맞닥뜨린 터널도 꾸역꾸역 받아들이기는 하고

터널을 빠져나와도 살던 곳이 보이기는 한다

오후와 함께 방전될 것이다

DDP

다대포

도넛 모양이 아닌
한 겹 막을 덧댄 튜브에 숨을 불어넣는다

한 겹 펴 바르는 선스크린이 스며든 피부를 만지며
튜브를 띄우기도 전에
무수히
물아래로 가라앉은 모래에 박혀 있는 생물들
 조류가 뽑아낸 생물들의 뿌리가 부표가 있는 쪽으로 흘러갈 때

 막 밑으로 지나가는 게
 앉은자리에서 다 느껴져

 팔꿈치 직전까지 들어간 양팔이

가지고 있었던 양손의 무게를 놓을 때

흐려지는 손바닥이 만져봤다던
냄새만 맡으면 헛구역질이 나 생일에도 먹지 못하게 된 미역 잘 말려 굽지 않으면 먹지도 않을 파래 김밥천국에서 봤던 매생이는 이런 데서 공수해 오나 봐 마라도까지 가서도 면발만 골라내 먹었던 짜장 묻은 면이 사라지고 남은 톳 그리고 톳보다도 왜 가졌는지 모르는
해초에 관한 경계심보다 더 날카로운
한 번도 믹어본 적 없는 듯한 생물의 질감
이름도 모르는 비식용해초
비바람직배출된 비식용쓰레기
손끝으로
발등으로
언젠가 녹내가 나던 녹슨 집게로
걷어내던
물속을 거쳐 온

늦은 여름

막을 가졌던 튜브는 가져오지 않았고

이곳에선 도넛 모양을 살 수 있다

이렇게 깨끗한 모래
누구 하나 다치게 해본 적 없을 것 같은
매끈한 튜브에 오르기 전에
스트랩 샌들을 벗고
튜브에 얹혀

서서히 부슬거리는 장마를 겪는다
안내 방송이 울려 퍼지지 않는 동안
의향에 따라 출입할 사람들만 출입했다

얇은 비바람을 맞는 동안
얇은 비바람 튜브 위 한동안 느린 해안선의 모양 퍼지는 양팔을 거느리게 만들고

양손은 튜브 밑이 궁금하지 않고
양손은 8시 20분이나 4시 40분이나 만들어보면서

손끝과 발등이 없는 시간
장마를 걷어내기까지

한동안 부유했다

이곳에도 어떤 일화들이 녹아 있겠지만

잦아드는 장마

물로만 만들어지는 굴곡과 리듬

밤바다 위에서 투숙하는 튜브

8시 22분을 만드는 아침

얇아진 흐르는 방치되는 튜브

다대포의 소실점으로

동대문디자인플라자

몽돌 같은 건물과

입자가 너그러운 바닥

스트랩 샌들을 신은 사람이 지나간다

이곳에서도 형성되는 어떤 생태계

해소되는 계절

다양한 동네에서 비분리배출되는 사람들

밀물처럼 곁까지 감싸 도는 지선버스

앞으로도 평일에 와야겠다

체기가 줄어드는 거 같아

몇 시간 동안 최대화되는 한적

이 광장보다 더 넓은 공간을 가진 음악에는 사라진 가사

두툼한 카메라와 몇 겹 덧댄 패션

몇 장 찍는 동안 몇 겹 덧대는 숙고

원하는 위치에 서서 구조물이나 몽돌의 기분을 가진 사람과

피사체와 관람객의 입장을 나눠 갖는다

참여형 공연에 올라선 사람처럼 피사체의 입장을 가진 사람을 돌고 돌아

광장의 다른 면을 천천히 밟아

7시 17분으로

9.5시 10분으로

11시 0.76분으로

겪는 양팔

8.38시 5.9678……분으로……

1인실 건식 사우나

나도 편백을 가져다 쓴다

자르고 다듬었다

편백 한 조각 위에 앉아 무릎을 쭉 편다

편백 벽에 발바닥이 간신히 닿지 않는다

직각을 포기한 발목으로 발끝 정도는 편백 벽에 닿는다

편백은 나를 품는다

얼마나 있을 수 있을까

왜 늘 못 견딜까

왜 못 견뎌 할까

온탕에 단 몇 분도 있기 힘들어서 분리되기 힘들었던 나와 나의 노폐

세신할 것이다

쇄신할 것이다

편백은 나를 품는다

진짜 왜 못 견뎌 할까

못 견뎌

할까?

못 견뎌

하지 마

나의 노폐 배출된다

밖으로 끼쳤던 폐를 떠올려본다

나는 가끔 맑은 날에 순식간에 장마를 만든 적도 있다

사람들은 알아서 잘 피했다

사람들은 방수가 잘되었다

나와 편백은 수용한다

편백은 나보다 수용성이 좋다

편백은 나의 모든 말을 들었다

편백 안으로 내가 내뱉고 저질렀던 모든 말이 떠돌아다녔다

생각이 말로 배출된다

말이 문장으로도 배출될 수 있다

편백의 표정을 보고서 내뱉는 나의 낡고 늙은 탄식

견디지 마

항균에 참여한다

살균이 이루어진다

내게서 낡음이 배출될 것이다

내게서 늙음이 배출될 것이다

내게서 젊음이 배출될 것이다
내게서 시간이 배출되고 있다
모래시계는 사라졌다
편백은 내게서 새롭게 배출된 표정을 처음으로 본다

왕가위

 저벅저벅. 다리가 모이고 벌어지는 모양. 대낮에 저벅저벅. 일과를 싹둑싹둑. 오늘을 자정까지는 다 잘라내야 하는데 오늘이 아직 남았네. 오후도 다 못 잘라냈는데. 따분한 서류를 구하러 다녔는데. 무인 발급기에서 종이가 쑥쑥 자라나서 고분고분 읽어보았지. 초본에는 이력들이 줄줄이 덕지덕지. 나는 그런 리듬으로 저벅저벅 걸어와 쑥쑥 자라났구나. 마냥 고분고분하지는 않았던 거 같은데. 스테이플러 심 뜯어버리고 싶네. 서류에 선을 싹둑싹둑 확실히 새겨 접었지. 봉투에 넣지 않은 생각은 접고 다시 저벅저벅. 생각이 열심히 저벅저벅 생각하며 걸어오는 동안 도대체 걸음은 어디까지 걸어왔지?

 여기까지 어떻게 징검징검?
 질경질경.

 지도 앱은 만능이야.

최적화된 경로로 걸어가는 동안
건물들은 언제 이렇게 쑥쑥 자라났구나.

사선 가로지르기.
그건 광장을 동강 낸 건 아니었다.

저벅저벅보단 천천히.

일몰하는
정류장까지
걸음은 고분고분.

교차하는 두 횡단보도에는
사람들이 덕지덕지.

가만,

최적화된경로……?
적화된경로……?
화된경로……?

된경로……?

경로……?

로……?

……?

…?

?

질경질 경 질경 질 경   질 경   질   경……

최적화된마음석화된나음화된미 읍된마음마음유……

내가 어디까지 걸어왔더라?

당황이
저기저벅저여기벅지덕지기여기덕지
찾아와 한 사람의 평균적인 몸집만큼 쑥쑥 자라나기 시작하는 나의 향방. 향방과 깍지 끼고 이인삼각하기. 일단 고분고분보다는 모르겠는 태도로. 최적이었나. 기억이 죄다 싹둑싹둑. 사람들이 조금 앞서 걸어가 넉넉해진 광장이 쾌적해진다는 사실부터 머릿속에 스테이플러로 찍듯이. 저녁이 쑥쑥 자라나는 광장에 불규칙한 빛으로 만

드는 흰징검블록 군데군데. 질겅질겅. 절취선이 있다고
생각하는 모서리에 꺼벅지빅을 교자하면서. 징검징검.

시작 노트

가른 밑줄 너머로

 시를 쓰고 읽는 것에 있어 살필 것들이 있다.
 시를 쓰고 읽는 얘기에 관해 쓰는 사람과 그것을 읽겠단 사람. 그들이 각각 취할 수 있는 태도. 시가 자리할 수 있는 지면이나 스마트폰, 태블릿, 누군가의 머릿속, 누구들의 입술 사이…… 그런 매개체 중 하나를 고른다면. 나의 눈과 손은 어떤 위치에 어떤 자세로. 어떻게 있을까. 물음이 끊이질 않는다.
 매개체가 책상 위에 누워 있고 그걸 내려다보면서 그것을 전부 장악할 수 있다고 믿는. 아니면 매개체 위에 안착해 볼펜의 볼처럼 굴러다니는 눈동자를 내버려두는.
 지금 내 앞에는 도입부를 머금고 자신을 퍼뜨릴 시가 있다.
 시는 나의 손을 잡아당기며 자신을 시작해, 시작해보라고 말한다. 나는 기꺼이 이끌린다. 매개체의 평면이 일렁이고, 손가락부터 일컬어지는, 나는 평면 아래로 잠긴다. 손을 초과한 나는 하나의 전신으로 자리하고, 매개체는 나를 초과하여 하나의 시공간으로 자리한다. 시공간 안에서, 나는 시작되는 시에 사로잡혀 발걸음을 굴리고 마는 체험자가 된다. 시로 시작될 것은 시공간의 내벽에 자신을 묻혀 나의 주변 환경이 된다.

차현준

시는 시작始作과 시작詩作과 시공간時空間과 시공간詩空間을 매개하고 조율한다.

나는 본격적으로 시로 시작되는 시공간을 살아본다. 체험할수록 쓸 것이 점점 구체적인 문장으로 차오르는 동안의 이 예열. 쓸 것을 더 잘 전달해보고자 한 발짝 물러나 식혀보는 이 서늘한 거리 둠. 예열과 거리 둠. 그 사이사이를 오가며 발생하는 이 몰입. 이 몰입이 좋아서 쓴다. 일단 진입해, 시가 차오르는 순간, 시를 목도하고 체험하려는 내가 여전히 시를 좋아하는 순간을 기꺼이 발견하고 나아가는 과정. 이것이 좋아서 쓴다.

얼마 전, 우연히 마주친 누군가에게 그렇게 말했다. "저는 의외로 계속 생각하고 생각하다가 그 생각하는 정도에 지쳐서 결국에는 하고 마는 거 같아요." 대개 생각하다가 지치면 싫증 나거나, 인내심이 한계에 다다라서 그냥 저버리지 않나……? 나에게도 그런 시가 되려다 만 것들이 있었다. 게을러터져가지고. 아, 그때 진짜 끝까지 겪어내고 문장으로 데려와서 차곡차곡 살게 했으면 근사한 시였을 텐데…… 그런 아쉬움이 축적된 기억은, 생각하다가 하다가 기어이 나를 쓰게 만드는 원동력으로 자리 잡았다. 쓰게 될, 살게 될 문장과 장면과 얼마를 충실히 굴려 살아본다. 옆에 있다. 있었다. 그 일들이. 있었구나. 그 안팎으로. 내가. 있었구나. 있었다는 단지 그 말로부터.

내가 생각하고 체험해낸 작업들이 어찌어찌 시로 불리는데, 그것이 더 시로 불리게끔 언제든지 써놓은 시들을 한순간에 초기화한다. 그리고 다시 살아본다. 다시 쓴다. 지금 이 문장도 다시, 다시, 다시를 연발한 결과다. 그곳 알겠어. 알겠는데, 나 한 번만 다시 살아보면 안될까? 무척이나 비가역적인 삶을 두고서 가역적인 착각을 시 안에서 일으킨다. 처음부터 다시 시작한다.

이곳은 새롭고 텅 비어 있다.

이제 다시 할 수 있다.

이 기분을 흥미롭게 겪는다. 시시각각 서로의 얼굴을 바꿔대는 미래와 과거를 다 살고 나서. 현재에 미래와 과거를 비비러 놀러 오는 사람처럼. 이 체험을 다시 겪는다. 근데 나 이번에는 이런 몸짓, 이런 말투, 이런 음량으로…… 좀 다르게 살고 쓰고 싶거든……?

그렇게 해 그럼!

그간 쓴 시의 대다수는 이렇듯 한 번만 쓰고 끝낼 수가 없었다. 겉으론 단 한 번 얹힌 활자인 척하지만 실은 이렇게 그곳을 몇 번씩이나 드나든 흔적이 겹쳐진 형태를 갖춘 것들이다.

이것은 누군가가 밑줄을 긋고 의도와 의미를 생각할 동안, 밑줄이 가른 현실과 이면 사이를 겪는 영역이다.

지금 여기에 적힌 한 구절부터.

단 한 번으로는 받아들이기 어려운 문장들을 곱씹는다.
체험을 풍긴다.

추천의 말

강동호
차현준의 시는 말이 말을 촉발하듯, 끝없이 배출되는 문장의 리듬으로부터 엉뚱하면서도 독특한 언어의 생태계를 조성한다. 흥미로운 것은 그의 말들을 따라가다 보면 어느새 의미가 텅 비어버린, 그러나 어딘지 모르게 새롭게 느껴지는 장면들과 조우하게 된다는 점이다. 마치 일상의 언어에 덕지덕지 붙어 있는 의미의 노폐물을 벗겨내듯, 언어의 세신을 이어나가는 그의 시 쓰기가 어디에 도달할지, 궁금해하지 않을 수 없다.

오은
차현준의 시를 읽는 것은 엉뚱함을 마주하는 일이다. 전혀 다름, 지나침, 관계없음 등의 속성을 선선히 받아들이는 일이다. 산더미처럼 쌓인 포스트잇 사이를 비집고 기지개를 켜는 소년의 얼굴이 언뜻 보이는 듯도 하다. 그를 따라 버스 안으로, 터널 속으로, 다대포로, 동대문디자인플라자로, 광장으로, 1인실 건식 사우나 안으로 들어가면 상식 밖의 일들이 기다렸다는 듯 고개를 내민다. 두더지 잡기 게임의 두더지처럼 무람없이 나타났다가 맥없이 사라진다. 방전되면서 충전되는 배터리처럼, 참여하면서 소외되는 군중처럼. 소년의 뒷모습은 최적화와 멀어지는 방식으로 매시每時/每詩 최선을 다한다.

이수명

차현준의 언어는 날렵하고 기민하고 유연하고 탄력이 있다. 어떠한 배열이 되었든 언어들이 그 형식에 갇히지 않고 생생하게 움직인다. 다른 수사나 장치보다도 언어 그 자체에 주목하게 만드는 것이 그의 힘이다. 버스나 횡단보도 같은 사소하고 일상적인 공간을 배경으로 언어들은 날아다니는 포스트잇이나 방전과 충전이 교차하는 배터리, 나와 일체가 되어가는 편백의 이미지들로 자유자재의 활성을 보여준다. 그의 시는 방법의 무게나 그림자를 지니지 않는다. 그러므로 무엇인가를 말하려 하지 않는다. 언어가 살아서 매번 새로운 세계를 보여줄 뿐이다.

조연정

차현준의 시는 가상과 실제를 구분할 수 없는 인간적 경험에 대해 말한다. 버스에서 내린 '나'는 버스로부터 "출력"되어 거리에 "입력"된(「붙여놓기」) '나'다. '나'의 모든 감각과 감정도 입력과 출력의 결과물에 불과하다. 그리고 그러한 '나'는 "충전"되었다가 "방전"(「얼마간 흘려보내보기」)되기를 반복한다. 차현준의 인물들은 가상의 제한된 시공간을 배회하는 플레이어에 가깝다. 플레이어는 언제든 죽을 수 있고 다시 살아날 수 있다. 물론 이러한 발견이 새로울 리는 없지만 차현준의 시를 읽다 보면 영원히 방전된 플레

이어에 대해, 결국 돌이킬 수 없는 삶에 대해, 그리고 이 모든 것을 새롭게 다시 시작할 수 있는 쓰기의 가능성에 대해서까지 생각하게 된다.

하재연
차현준의 시 쓰기는 발화하는 행위 자체가 발화의 내용을 끌고 간다. 열린 곳에서 시작해 열린 곳으로 빠져나가는 차현준 시의 개방성은 동시대 시들과 비교해보아도 뚜렷하다. 입력되고, 출력하고, 품고, 떠돌고, 배출되는 그의 주체-들은 수다하다. 수다한 그들이 건네는 말들의 기록으로서 시는, 나 자신을 견딜 수 없는 이 시대의 우리들을 위로하는 수용체가 된다. 때로는 엉뚱하고 때로는 웃긴 차현준 식의 위로가 당신에게도 유효하기를 바란다.

홍성희
첩보 영화를 보면, 급박한 임무를 수행하는 요원에게 실시간으로 정보를 분석하여 결괏값을 쥐여 주는 프로그램들이 있다. 요원은 결과를 가지고 일을 하지만, 프로그램은 그 결과를 내기까지 무수히 쪼개진 정보를 분석한다. 차현준의 시는 그런 프로그램의 상태를 상상하게 한다. 분석을 멈추지 않는 상태, 다른 말로, 언어가 멈추지 않는 상태. 첩보 영화에서라면 그런 상태는 결괏값을 도출하지 못한 중간 단계, 비정제된 정보들이 혼란한 상태이겠지만, 차현준의 시에서 그것은 문장의 기술로 읽힌다. 시라는 정제된 매체 속 미분된 움직임은 기실 어떤 내용이 문장으로 안착되기까지 몸이 수행하는 처리 작업들을 불현듯 감각하게 하기 때문이다. 말하기 직전의 감각을 목도하는 어지러움을 받아들일 때, 차현준의 시는 외려 굉장히 정제된 느낌을 준다. 이 기묘한 감각의 겹침이 또 다른 감각을 자극한다. 멀미 나도록, 기꺼이.

〈시 보다〉 기획의 말

시의 시대가 사라져버린 것 같던 시간 속에서 젊은 시인들과 그들의 낯선 감각을 다시 읽어준 독자들이 출현했다는 것은 기적이 아니다. 모든 헛된 풍문을 뚫고 한국 문학의 심층에서는 본 적 없는 시 쓰기와 시 읽기가 끊임없이 시도되고 있었다. 〈시 보다〉는 시 쓰기의 극점에 있는 젊은 시 언어의 운동에너지만을 주목하고자 한다. 1년에 한 번 이루어지는 이 작은 축제는 선별의 작업이 아니라, 한국 시를 둘러싼 예감을 함께 나누는 문학적 우정의 자리이다. 우리가 체험하는 것은 젊은 시인들의 이름 너머에서 꿈틀거리는 '시'라는 사건 자체이다. 시인은 동시대가 소유한 이름이 아니라, 동시대의 감각을 발명하는 존재이다. 시는 도래할 언어의 순간에 먼저 도착해 무심한 표정으로 우리를 기다리고 있다. 지금 '시 보다'라는 행위는 시 '보다' 더 고요하고 격렬한 세계를 열어준다.

선정위원 강동호 오은 이수명 조연정 하재연 홍성희